COURS

DE

PSYCHOLOGIE

ET DE

MORALE

PAR

M. Paul BUQUET

COURS

DE

PSYCHOLOGIE

ET DE

MORALE

IMPRIMERIE PILLET ET DUMOULIN

RUE DES GRANDS-AUGUSTINS, 5, A PARIS

COURS

DE

PSYCHOLOGIE

ET DE

MORALE

(THÉORIE ET APPLICATIONS)

D'APRÈS LES DERNIERS PROGRAMMES

DES ÉCOLES PRIMAIRES SUPÉRIEURES, DES ÉCOLES NORMALES PRIMAIRES,

DU BREVET SUPÉRIEUR ET DE LA CLASSE DE PHILOSOPHIE

PAR

M. Paul BUQUET

Ancien élève de l'École normale supérieure,
professeur de philosophie.

PARIS

LIBRAIRIE CLASSIQUE DE CH. FOURAUT ET FILS

A. FOURAUT, SUCCESSEUR

47, RUE SAINT-ANDRÉ-DES-ARTS, 47

1886

Tout exemplaire non revêtu de la griffe de l'éditeur sera réputé contrefait.

Gouraud

NOTIONS ÉLÉMENTAIRES
DE PSYCHOLOGIE

IDÉE GÉNÉRALE
DE LA PSYCHOLOGIE APPLIQUÉE A LA MORALE ET A LA PÉDAGOGIE;
DESCRIPTION EXPÉRIMENTALE DES FACULTÉS HUMAINES

INTRODUCTION

1. — Le mot *psychologie* signifie description de l'âme humaine. Par âme humaine on entend ici tout simplement l'homme tel qu'il nous apparaît, soit qu'on l'étudie par l'observation extérieure dans les diverses circonstances de la vie, soit qu'on l'étudie par l'observation intérieure dans les divers états de l'âme où chacun de nous peut se trouver. En d'autres termes, la psychologie n'est autre chose que l'étude expérimentale de l'homme considérée sous ses deux faces principales ; la face *objective* et la face *subjective*, pour employer des expressions un peu abstraites, mais très significatives.

PSYCHOLOGIE APPLIQUÉE A LA MORALE

2. — La *morale* est la science du devoir et l'art de bien vivre. On comprend qu'il faille connaître l'homme pour lui assigner des devoirs et le conduire dans la pratique de la vie ; l'étude de l'homme ne peut donc se séparer de la morale ; on peut même dire que l'étude de l'homme doit précéder la morale, quoique, en fait, l'homme agisse moralement bien avant d'être arrivé à un degré de réflexion suffisant pour qu'il puisse prétendre à être psychologue. De même que la poésie a précédé la poétique, et l'éloquence la rhétorique, la morale pratique a précédé la science des mœurs et à plus forte raison la science de l'âme ; néanmoins, une fois que l'homme est arrivé à observer ses semblables et à réfléchir sur lui-même, c'est sciemment qu'il accomplit ou viole son devoir. Sa qualité d'honnête ou de malhonnête homme suppose en lui quelque théorie plus ou moins nette de morale et de psychologie. On peut donc parler avec raison de morale théorique et de psychologie aux enfants. Les enfants représentent assez bien l'état émotionnel et intellectuel des sociétés qui commencent à prendre conscience du devoir, avec cette différence que l'enfant civilisé, héritant d'une longue expérience acquise par ses ancêtres, marche beaucoup plus vite et va beaucoup plus loin que l'homme primitif dans la voie de la réflexion morale.

PSYCHOLOGIE APPLIQUÉE A LA PÉDAGOGIE

3. — Si l'enfant n'a besoin, pour accomplir et connaître son devoir, que de peu de réflexion, si par conséquent la morale théorique et la psychologie qu'il s'agit de lui enseigner peuvent n'être que très rudimentaires, il n'en est pas tout à fait de même pour le maître chargé de le diriger dans l'accomplissement de son devoir. Il faut savoir plus pour enseigner moins. Le maître devra donc connaître la morale théorique et la psychologie, non pas seulement d'une façon rudimentaire, mais d'une manière suffisamment approfondie ; or les points essentiels de la morale ne peuvent être approfondis sans une description sommaire des désirs, des passions, des idées qui sont les principaux mobiles et les principaux motifs des actions humaines ; ce détail, c'est précisément la psychologie qui le donne. On voit donc que, soit qu'on se place au point de vue de l'élève, soit qu'on se place au point de vue du maître, l'étude expérimentale des facultés humaines est indispensable. Elle est le préliminaire naturel de la morale et la pédagogie.

L'ACTIVITÉ PHYSIQUE

4. — L'enfant a, dès les premières années de sa vie, des sentiments de plaisir et de douleur, des sensations variées, des idées du monde extérieur et jusqu'à un certain point des idées de ce qui se passe en lui. Il va, vient, accomplit tels ou tels actes, soit instinctifs, soit réfléchis ; il prend des habitudes ; plus tard il commence à avoir quelques notions du vrai et du faux, de ce qui est beau et de ce qui est laid, de ce qui est bien et de ce qui est mal ; il a un sentiment obscur de la place qu'il occupe dans l'univers ; il se demande quelle est la cause de tout ce qu'il voit et de lui-même ; en résumé, il est une ébauche de l'homme complet, un petit monde. Devenu homme, il est toujours le même mélange presque indécomposable de sensibilité, d'intelligence, de volonté. Ce n'est donc que par une sorte d'analyse abstraite et toujours un peu artificielle qu'on peut étudier séparément ce qu'on appelle les facultés de l'âme humaine.

Pourtant, comme c'est par des mouvements que se manifeste pour la première fois la vie de l'enfant, comme ses mouvements sont longtemps la seule chose qu'on démêle en lui et dont on cherche à saisir le sens, il est naturel de commencer l'étude des facultés humaines par *l'activité physique*. On en séparera le moins possible la sensibilité physique, qui n'en est qu'une des faces. On n'abordera qu'ensuite l'étude de l'intelligence développée et de la sensibilité morale, dont l'épanouissement suprême est la formation d'un caractère, d'une volonté.

Activité physique, sensibilité physique, intelligence, sensibilité morale, volonté, voilà les principaux faits qui, sommairement étudiés, nous donneront l'idée de l'homme tel qu'il nous apparaît dans sa double nature, corps et esprit, animalité et intelligence, instinct et moralité. Cette dualité peut-elle se résoudre en une unité supérieure et n'est-ce pas notre esprit qui transforme une différence de point de vue en une opposition réelle ? Tel sera le problème qui formera la conclusion naturelle de la psychologie.

LES MOUVEMENTS

6. — Si l'on observe un jeune enfant dans les premiers moments de sa naissance, les mouvements désordonnés de ses bras et de ses jambes sont les premières choses qui frappent les yeux. Ces mouvements sont appelés *mouvements réflexes*. Examinés plus attentivement, ces mouvements nous apparaissent non plus comme faits au hasard, mais comme liés d'une façon très intime à des sentiments de plaisir et de douleur et même à des sensations que nous ne pouvons voir, mais que nous devinons. Cette liaison intime, cette corrélation des sentiments de plaisir et de douleur et des sensations d'une part et des mouvements de l'autre est certainement tout autre chose que du désordre : c'est l'effet d'un mécanisme très compliqué, qu'on peut pourtant résumer ainsi qu'il suit : toute *impression* faite sur les nerfs et donnant lieu à un sentiment de plaisir ou de douleur ou à une sensation aboutit à un mouvement déterminé. Ce mouvement est la manifestation la plus simple de la volonté, qui prend alors le nom d'activité physique, le mot *volonté* ayant dans la langue usuelle un sens moral.

Si l'on continue à observer cet enfant dont nous parlons, on remarque successivement chez lui : 1º des mouvements coordonnés comme en vue d'une fin, c'est-à-dire bien appropriés à un but déterminé que l'enfant atteint sans le savoir ; par exemple, il tette, et cet acte, bien analysé, nous montre un grand nombre de mouvements localisés dans des muscles distincts et concourant tous à l'alimentation de l'enfant ; 2º d'autres mouvements qu'on ne réussit pas du premier coup à comprendre et qui paraissent de véritables tâtonnements sans but appréciable ; mais ces mouvements, en se répétant, se coordonnent de mieux en mieux et aboutissent enfin à un acte complet et définitif, qui devient une véritable habitude. Dans ce dernier cas, on a précisément assisté à la formation de cette habitude, et c'est la netteté du résultat qui a éclairci pour nous l'obscurité des débuts ; par exemple, quand l'enfant a réussi à faire ses premiers pas, à prononcer ses premières articulations, nous comprenons le sens des mouvements des bras et des jambes, de la face et de la bouche, qui ont signalé les commencements de cette habitude.

L'instinct de teter, l'habitude de marcher et de parler sont des faits caractéristiques du premier développement des facultés enfantines. On voit tout de suite qu'il est difficile de distinguer nettement les uns des autres les *mouvements initiaux*, ceux qui paraissent être désordonnés et n'avoir pas de raison, les *mouvements instinctifs*, c'est-à-dire ceux qui offrent du premier coup, à ce qu'il semble, une exacte appropriation de certains moyens à certaines fins, en dernier lieu les *habitudes corporelles*, qui présentent cette même appropriation, mais obtenue manifestement après des expériences successives.

On distinguera néanmoins, pour la commodité de l'analyse, 1° les mouvements initiaux, 2° les instincts, 3° les habitudes corporelles.

6. Les mouvements initiaux. — Si l'on examine, par exemple, un poulain au moment où il vient au jour, on remarquera qu'il fait des mouvements des jambes et du corps, sinon désordonnés, au moins sans but apparent; qu'on observe un poussin au moment où il rompt sa coquille, on verra qu'il se livre du premier coup à des mouvements beaucoup plus précis que ne le fait le poulain; enfin, si l'on assiste à l'éclosion de certains insectes, on sera frappé de la perfection des mouvements coordonnés qu'ils exécutent du premier coup. Si, après avoir examiné les animaux, on observe l'enfant au moment même de sa naissance, on remarque ce fait, qu'il paraît dès l'abord plus gauche que tous les autres animaux ; ce n'est qu'après plusieurs essais qu'il réussit à exécuter imparfaitement les plus simples combinaisons de mouvements; c'est ainsi qu'il ne marche qu'après une assez longue éducation, qu'il n'émet des sons articulés que fort tard, qu'il a pour ainsi dire tout à apprendre. Certains actes qualifiés d'instinctifs, comme l'acte de teter par exemple, exigent même de sa part quelque tâtonnement. Il est vrai que ces tâtonnements sont si courts qu'on a pu les mettre en doute. En tout cas, la sensation du sein de la nourrice et le sentiment du plaisir procuré à l'enfant par cette sensation précèdent et déterminent certainement les mouvements de préhension et de succion qui constituent l'acte de teter. Or, si peu que dure cette expérience, sa durée est néanmoins appréciable. On voit dans ces différents exemples le passage insensible des mouvements initiaux aux instincts d'une part et aux habitudes corporelles de l'autre.

7. Les instincts. — On trouvera dans les naturalistes des exemples variés d'instincts chez les animaux. En analysant ces exemples, qui, pour avoir quelque valeur, doivent être accompagnés de détails anatomiques et physiologiques dont l'énumération ne peut prendre place ici, on trouvera comme caractère de l'instinct : 1° que, s'il n'apparaît pas toujours dès les premiers moments de la vie et sans expérience préalable, il n'exige du moins pour se manifester que fort peu de temps et d'expérience ; 2° qu'il atteint presque du premier coup une perfection relative ; 3° qu'il est spécial pour chaque espèce et commun à tous les individus de cette espèce ; 4° que l'animal paraît ignorer le but qu'il poursuit ou n'en avoir du moins qu'une conscience très obscure.

8. Les habitudes corporelles. — Ces habitudes, comme par exemple chez l'homme l'habitude de projeter les mains quand il tombe, d'adapter les mouvements musculaires de l'œil aux différentes distances, se rapprochent des instincts au point de se confondre avec eux. Ce qu'elles ont de commun avec l'instinct, c'est : 1° la perfection relative du résultat obtenu, 2° l'ignorance passagère ou plutôt l'oubli du but poursuivi. Par exemple, le myope a pris l'habitude de cligner des yeux ; or ce clignement est parfaitement approprié à un but que le myope ne connaît généralement pas ou auquel il ne pense pas, s'il le connaît. Les différents *tics* sont d'excellents exemples d'habitudes corporelles à peine distinctes des instincts. Les habitudes corporelles diffèrent néanmoins de l'instinct : 1° en ce qu'elles ne se forment qu'après un certain nombre d'expériences, toute habitude supposant, par définition, un acte accompli primitivement sans habitude, soit par un mouvement spontané, soit par une expresse résolution ; 2° en ce qu'elles ne sont ni spéciales pour chaque espèce d'animaux ni universelles dans cette espèce.

Il serait d'ailleurs inexact de dire que les habitudes ont toujours pour point de départ unique un acte exprès de la volonté. L'habitude étend son empire sur des actes qui sont en partie instinctifs à l'origine, de même qu'elle s'empare des actes volontaires pour les fixer au point d'en faire pour ainsi dire des instincts. Actes instinctifs, actes d'habitude, actes de volonté vont ainsi passant des uns aux autres par d'insensibles gradations et sont perpétuellement mêlés et confondus.

9. Rapports des mouvements initiaux, des instincts et des habitudes corporelles. — Comme on vient de le voir, les caractères extérieurs d'un acte déterminé, par exemple la marche ou l'articulation, sont insuffisants pour nous renseigner sur sa nature intime. La marche doit-elle être attribuée à des mouvements initiaux dont s'empare la volonté et qu'elle transforme en habitude, ou bien à une résolution expresse, transformée de même en habitude, ou bien à un instinct proprement dit? C'est ce qu'il est difficile de dire, cet acte empruntant plus ou moins aux mouvements initiaux, à l'instinct, à l'habitude, suivant qu'on le considère chez l'animal ou chez l'homme et chez tel animal ou chez tel homme, à différents âges.

Si l'habitude et spécialement les habitudes corporelles n'ont pas toujours pour antécédent unique un acte volontaire, elles supposent toujours néanmoins parmi leurs antécédents quelques mouvements que, faute d'un autre mot, on peut appeler *spontanés*. Un mouvement spontané est un peu plus qu'un mouvement réflexe proprement dit et un peu moins qu'un acte volontaire.

Cela posé et les habitudes corporelles étant toujours liées à leur origine à quelque acte spontané, voici la règle à suivre : n'expliquer par les instincts que ce qui est manifestement inexplicable par des actes spontanés se transformant en habitudes corporelles par la répétition même. Pour nous, en effet, l'habitude est un phénomène plus connu et moins mystérieux que l'instinct : or il ne faut pas multiplier sans nécessité les merveilles attribuées à une cause inconnue.

Les habitudes corporelles doivent d'ailleurs être considérées 1° dans la vie de l'individu, 2° dans la vie de l'espèce. Il y a des habitudes acquises, il y a certainement aussi des habitudes héréditaires. On a remarqué, par exemple, que certains tics, qui étaient à l'origine de véritables habitudes corporelles, explicables par telle ou telle circonstance nettement déterminée chez l'individu qui avait pris une ou plusieurs de ces habitudes, ont passé aux descendants de cet individu et sont ainsi devenus des habitudes héréditaires.

Un grand nombre d'actes qualifiés souvent d'instinctifs peuvent être ramenés à une habitude de l'individu, à la formation de laquelle concourent des dispositions naturelles et des conformations organiques déterminées : par exemple, projeter les mains en avant, cligner des yeux, adapter les mouvements musculaires de l'œil et des membres aux distances.

Un grand nombre d'actes en apparence instinctifs et réfractaires à cette première explication peuvent être expliqués par des habitudes héréditaires. C'est ainsi qu'on a essayé d'expliquer les principaux instincts des animaux.

Si l'une et l'autre de ces explications sont insuffisantes dans certains cas, ces cas doivent être, jusqu'à plus ample informé, restitués à l'instinct proprement dit.

Cet instinct a d'ailleurs été souvent appelé *innéité, modification fortuite*. Peu importe le nom qu'on lui donne; ce qui est certain, c'est que l'innéité ou l'instinct est invoqué en même temps que la *sélection* naturelle et l'*hérédité* pour établir la doctrine de l'*évolution*. Si l'on prétendait invoquer l'innéité et les modifications fortuites comme explication des instincts eux-mêmes, on pourrait objecter que c'est mettre à l'origine de l'instinct, sous un autre nom, cet instinct même qu'il s'agit d'expliquer.

Les instincts, si réduits qu'on les suppose, paraissent donc être des faits ultimes et irréductibles.

LA SENSIBILITÉ PHYSIQUE

LE PLAISIR ET LA DOULEUR

10. — Le *plaisir* et la *douleur* ne se définissent pas; il serait impossible d'en donner une idée à celui qui ne les a pas éprouvés; on peut néanmoins les éclaircir par leur opposition même. La faculté d'éprouver du plaisir ou de la douleur s'appelle *sensibilité physique*.

Tout en remarquant que le plaisir et la douleur sont tellement mêlés qu'en certains cas ils se confondent, on peut dire que ce sont deux états de l'âme opposés et chercher à les expliquer en démêlant les causes qui les font naître. Si ces causes sont suffisamment distinctes, on aura, en les fixant, défini d'une manière détournée le plaisir d'une part et la douleur de l'autre. Or, si l'on analyse successivement les différentes sortes de plaisirs et de douleurs qui remplissent la vie, on remarquera qu'ils sont toujours liés d'une part à une certaine disposition initiale de l'organisme, à un certain emmagasinement de forces dans cet organisme pris à un moment donné, d'autre part à un certain mouvement de cet organisme et à une dépense plus ou moins grande de ces forces emmagasinées.

Étant donnés une disposition organique moyenne et un emmagasinement de force type, ce qui ne peut se supposer que par abstraction, on peut dire qu'il y a plaisir dans les deux cas suiv.. its : 1° lorsque de nouvelles forces sont emmagasinées, comme par exemple le plaisir de manger, de boire, de dormir; 2° lorsque ces forces, une fois emmagasinées, sont dépensées, par exemple le plaisir de se promener, de se livrer à certaines occupations corporelles, d'exercer sa vue, son oreille, le plaisir de jouer, le plaisir de développer son intelligence, de causer, de lire, de voir ou d'entendre les œuvres d'art.

Par contre, il y a peine dans les deux cas suivants : 1° lorsque les forces, une fois emmagasinées, ne trouvent pas à se dépenser, auquel cas le cœur de l'homme, comme on l'a dit, retombe sur lui-même; c'est par exemple l'ennui, la souffrance de l'inaction, les tortures de l'emprisonnement, de l'immobilité forcée, des désirs excités et non satisfaits; 2° lorsque la dépense des forces est excessive, c'est-à-dire tend non pas seulement à détruire l'équilibre primitif, mais à rendre impossible le retour à cet équilibre; on compare alors justement l'organisme humain et l'âme humaine à un ressort qu'on a forcé par une trop grande tension : ce sont par exemple les douleurs qui suivent l'excès des plaisirs, l'excès du travail et en général toutes les dépenses exagérées de force.

La santé et le bonheur physique consistent précisément dans un équilibre mobile de ces deux sortes de plaisirs, qu'on peut appeler *négatif* et *positif*, plaisirs qui ne vont jamais sans quelques peines, mais de ces peines qui sont les aiguillons mêmes du plaisir; par exemple, la fatigue, la faim, la soif, les divers appétits physiques, l'ennui même et ce commencement de douleur qui vient d'une trop grande plénitude de forces sont des conditions de plaisir, lorsqu'ils ne durent pas trop longtemps.

Qu'est-ce d'ailleurs que cette force ou énergie dont on parle et à l'augmentation ou la diminution de laquelle on rapporte le plaisir et la douleur? C'est ce qu'il est difficile de préciser sans entrer dans des considérations métaphysiques. Disons seulement que cette force ou énergie peut être envisagée à deux points de vue : 1° comme *énergie en position* ou *en puissance*, 2° comme *énergie en mouvement* ou *en acte*.

L'énergie en mouvement, c'est ce qu'on appelle l'exercice de nos facultés, la satisfaction de nos besoins et de nos appétits. L'énergie en puissance, ce sont nos facultés mêmes, nos besoins, nos appétits. Aristote et Spinosa définissaient le plaisir le passage de la puissance à l'acte ou d'une perfection inférieure à une perfection supérieure ; c'est ce que disent en d'autres termes les psychologues modernes, qui font du plaisir et de la douleur la *face subjective* (c'est-à-dire saisie par la conscience) de la composition et de la décomposition des forces dans notre organisme. —

Remarquons du reste que le plaisir et la douleur sont un des faits de conscience les plus inanalysables et que l'*émotion*, soit agréable, soit douloureuse, suppose une âme *une*. Comme on va le voir en effet, les sensations proprement dites sont décomposables jusqu'à un certain point et résolubles dans leurs éléments. S'il fallait fournir une preuve de l'existence d'une âme *une* et essentiellement distincte du corps, c'est plutôt dans la nature du plaisir et de la douleur que dans l'analyse des sensations qu'il faudrait la chercher.

LES SENS : SENSATIONS INTERNES
ET SENSATIONS EXTERNES

11. — En même temps que nous éprouvons du plaisir et de la douleur, nous acquérons certains rudiments de connaissances. Par exemple, les diverses couleurs, les divers sons et les divers plaisirs, les diverses douleurs que nous donnent la vue et l'ouïe sont distingués par nous les uns des autres. Il y a donc dans tout fait de sensibilité deux éléments : 1° un élément *affectif* ou *émotionnel*, 2° un élément *représentatif* ou *intellectuel*.

La *sensation* proprement dite est la sensation dégagée par abstraction du plaisir ou de la douleur qu'elle contient et réduite à ce qu'elle a d'intellectuel. Ce que fournissent les sens à notre esprit, à notre connaissance, voilà à quoi se réduisent pour nous les sensations.

On divise quelquefois les sensations en *sensations internes* et en *sensations externes*. En fait, il ne peut s'agir ici que de la place où nous localisons, à tort ou à raison, nos diverses sensations ; or il importe peu que nous localisions une sensation à la superficie de notre corps ou dans son intérieur : les sensations localisées à l'intérieur sont généralement plus vagues, mais elles sont exactement de même nature que les sensations localisées à la superficie du corps; on appellera donc plutôt, par un abus de mots, sensations internes les affections qu'il nous paraît impossible ou du moins très difficile de localiser en quelque endroit que ce soit. Ces affections, ramenées à leur cause, prennent les noms de *besoins, d'appétits*.

Reste donc à examiner les sensations proprement dites et facilement localisables, c'est-à-dire localisables à la périphérie du corps.

On distingue généralement autant de sortes de sensations qu'il y a d'organes suffisamment délimités de ces sensations; il y aura donc cinq sortes de sensations, comme il y a cinq sens, le goût, l'odorat, l'ouïe, la vue, le tact. Y a-t-il lieu de subdiviser certains sens, comme le tact, ou d'ajouter aux cinq sens, dont les organes sont à la périphérie du corps, un sixième sens, dit sens intérieur, qui n'aurait pas d'organe spécial? Ce sont des questions que résoudra l'analyse même des sensations.

Disons dès maintenant que, s'il est utile de subdiviser le tact en tact *épidermique, sens musculaire, sens du chaud ou du froid,* il est inutile de parler d'un sixième sens, du moment qu'on ne peut en fixer nettement l'organe; en effet, compter autant de sens qu'il y a d'organes suffisamment délimités est la seule manière d'éviter la multiplication indéfinie des sens. La division la plus populaire est, à tout prendre, en même temps la plus exacte.

12. Ordre à suivre dans l'étude des sensations. — A mesure que les organes des sens deviennent plus complexes, leur importance scientifique, c'est-à-dire la somme des éléments qu'ils fournissent à notre connaissance, va croissant : l'ouïe et la vue sont des organes relativement plus compliqués que le goût et l'odorat ; le tact, par ce fait qu'il s'étend sur toute la surface du corps et qu'il a néanmoins dans la main son organe de prédilection, se place, au point de vue de l'organisme, sur le même rang que l'ouïe et la vue ; or le tact, la vue, l'ouïe fournissent infiniment plus à nos connaissances que le goût et l'odorat. On peut dire, sans prétendre à trop de rigueur, que l'ordre de complexité des organes des sens concorde avec l'ordre d'importance scientifique de ces mêmes sens.

13. Sens du goût et de l'odorat. — Quoique relativement

simples, les sensations du goût et de l'odorat peuvent se décomposer : le goût d'une orange, par exemple, peut se décomposer en diverses sensations d'amertume et de douceur auxquelles viennent se mêler des sensations d'odeur et de tact qui n'appartiennent pas proprement au goût ; mais il est très délicat de faire cette décomposition : amertume, douceur, qualité d'être âcre ou piquant, telles sont les seules distinctions un peu nettes qu'on puisse établir entre les diverses odeurs et les diverses saveurs. L'analyse physiologique ne va guère ici plus loin que l'analyse psychologique.

. **14. Sensations complexes de l'ouïe.** — Les sensations de l'ouïe sont plus facilement décomposables ; les analyses physiques du son ont beaucoup aidé à décomposer les sensations du son. Physiquement, un son se caractérise : 1° par son acuité, 2° par son intensité, 3° par son timbre. Des sensations spéciales correspondent-elles à ces qualités physiques du son? C'est ce qu'il est très périlleux d'affirmer. L'analyse physiologique de l'organe de l'ouïe a fourni d'autres indications ; la découverte des fibres de Corti a donné lieu à de curieuses hypothèses sur la sensation même du son. Autant il y aurait d'éléments nerveux distincts dans ces fibres, autant il y aurait de sensations élémentaires qui serviraient à former les diverses sensations totales. Il est du reste très difficile de concilier les hypothèses psychologiques fournies par l'analyse physique et celles que l'on doit à l'analyse physiologique de l'ouïe.

Signalons ces obscurités, qu'une étude plus approfondie résoudra peut-être un jour. Voici tout ce qu'on peut dire : 1° l'observation psychologique nous apprend que la sensation de son se distingue de toute autre, qu'elle varie suivant certaines lois, que dans certains cas elle est absente ; 2° l'observation physique, aidée de l'observation psychologique, nous apprend quelques-unes des conditions de ces sensations : c'est ainsi qu'on rattache la hauteur, l'intensité des sons au nombre, à l'amplitude des vibrations fondamentales et le timbre aux vibrations dites harmoniques ; 3° l'observation physiologique ne nous donne que les conditions organiques sans lesquelles la sensation serait impossible : on peut prendre comme exemple l'analyse de l'organe de la vue.

15. Sensations complexes de la vue. — Mêmes remarques à faire sur la vue que sur l'ouïe. Couleur est un mot abstrait qui désigne ce qu'il y a de commun dans un certain ordre de sensations *sui generis*, c'est-à-dire irréductibles à toute autre. Quant à la sensation de telle couleur particulière, c'est une sensation complexe qu'on peut essayer d'analyser.

L'analyse physique de la couleur nous donne sept couleurs fondamentales : rouge, orangé, jaune, vert, bleu, indigo, violet. Y a-t-il pour cela sept sensations élémentaires ? C'est ce qu'il est difficile d'affirmer. L'analyse physiologique de l'organe de la vue nous jette bien loin de cette simplicité ; néanmoins on a cru pouvoir reconnaître dans la rétine plusieurs éléments nerveux distincts : autant il y aurait de sortes d'éléments nerveux, autant il y aurait de sensations élémentaires de couleur. On les fixe généralement à trois : rouge, vert, violet.

Comme on le voit, pour l'analyse des sensations de la vue comme pour l'analyse des sensations de l'ouïe, les indications de l'analyse physique d'une part et de l'analyse physiologique de l'autre ne concordent que difficilement. On tire aussi quelques lumières de l'analyse de certains faits pathologiques, tels que le daltonisme, maladie qui consiste à ne pas voir toutes les couleurs fondamentales.

16. Sensations complexes du tact. — Telle sensation particulière de tact est une sensation complexe où l'on remarque 1° une sensation de chaud et de froid, 2° des sensations musculaires ou de résistance, 3° une sensation de surface.

L'analyse physiologique des organes du tact nous permet de rattacher la distinction de ces diverses sensations composantes à la distinction des corpuscules nerveux du tact. Encore y a-t-il bien des obscurités sur ce point.

Quant à l'analyse physique, elle est ici extrêmement obscure. Nous en sommes réduits, après avoir fait des distinctions vagues, telles que sensations de dur et de mou, de chaud et de froid, à rattacher les deux premières sensations à la texture des corps, les deux secondes à leur degré de dilatation.

Le tact s'exerce par tout le corps, aussi bien à l'intérieur qu'à la surface : 1° le *tact musculaire*, partout où il y a des muscles, dans l'œil, dans l'oreille même, dans le nez et dans la bouche; 2° le *tact épidermique* ou mieux *épithélial*, partout où il y a muqueuse ou épithélium.

On peut mesurer le degré de finesse du tact musculaire et du tact épithélial par des expériences d'un caractère à la fois physiologique et psychologique. C'est ainsi qu'en appliquant les pointes d'un compas à divers degrés d'ouverture sur les différentes parties du corps, lèvres, joues, bras, dos, on peut fixer avec assez de précision la sensibilité relative de ces différentes parties.

La sensation de résistance, qu'on rapporte au tact musculaire, et celle de surface, due au tact épidermique, ont une importance considérable; car c'est à elles que se rattache la question de l'origine psychologique de nos idées de corps et d'espace.

17. Perception. — Quand les diverses sensations s'unissent pour nous donner l'idée nette d'un objet extérieur à nous, on appelle cette opération la *perception extérieure.*

La perception des corps ne peut guère se séparer de la perception de notre corps; en outre, quand avec une de nos mains nous touchons l'autre, il se produit une perception toute particulière qui sert de transition en quelque sorte entre la perception de notre corps et ce qu'on appelle la perception du *moi*. Cette double transition se marque bien dans le langage ordinaire. On dit : Je sens ma plume, je sens quelque chose à mon doigt, je sens du plaisir.

Remarquons encore que, dans la langue usuelle, sensation, perception, conscience sont des termes à peu près synonymes. Le mot *conscience* est le mot le plus général dont on puisse se servir pour exprimer ce qu'il y a de commun dans nos diverses sensations et nos diverses perceptions. Les *perceptions sans aperception* sont des perceptions faibles. Il est difficile de concevoir ce que serait une perception inconsciente; néanmoins il faut avouer que la conscience va se dégradant par des nuances si imperceptibles qu'on peut, pour la commodité de l'analyse, parler de sensations élémentaires inconscientes, pourvu qu'on ne prenne pas cette expression à la lettre.

LES BESOINS ET LES APPÉTITS

18. — Les *besoins* et les *appétits* ne sont qu'une face du fait complexe déjà étudié, lorsque nous avons parlé du plaisir et de la douleur. En effet, le plaisir n'est qu'un besoin ou un appétit satisfait; la douleur, un besoin ou un appétit privé de satisfaction. Le désir et l'aversion, l'amour et la haine sont le lien qui unit le besoin et l'appétit d'une part au plaisir et à la douleur de l'autre. Lorsque j'ai besoin d'une chose, je la désire et, lorsque je l'ai obtenue, j'en jouis, j'ai du plaisir. De même pour l'aversion et la douleur. On peut même dire que le plaisir et la douleur accompagnent toujours les besoins et les appétits ; il n'y a pas d'appétit sans un certain pressentiment du plaisir. Ce « mouvement de l'âme, qui, touchée du plaisir ou de la douleur ressentis ou imaginés dans un objet, s'en approche ou s'en éloigne » (Bossuet) et qu'on appelle la *passion*, est le centre où s'unissent en quelque sorte les besoins et les appétits, le plaisir et la douleur. Il est donc inutile de chercher si le plaisir et la douleur précèdent ou suivent les besoins et les appétits; il y a là deux ordres de faits corrélatifs et inséparables.

L'INTELLIGENCE

LA CONSCIENCE ET LA PERCEPTION EXTÉRIEURE

19. — Nous avons vu, en étudiant les sensations, que de l'association et de l'élaboration des diverses sensations auxquelles préside une énergie supérieure appelée l'*esprit*, la *réflexion*, résultent en nous différentes *perceptions* : 1° la perception des corps, 2° la perception de notre corps, 3° la perception du *moi*. Cette dernière perception s'appelle aussi *conscience*; la perception des corps s'appelle aussi quelquefois *perception extérieure*; néanmoins les deux expressions, dans l'un et l'autre cas, ne sont pas tout à fait synonymes: perception du *moi* indique quelque chose de plus précis que conscience; perception extérieure éveille des idées plus complexes que perception des corps.

Quand on parle de la conscience, par perception du *moi* on entend plus ou moins obscurément quelque chose qui sert de lien à nos divers états de conscience, à nos plaisirs et à nos douleurs, à nos multiples sensations. Ce lien, cette énergie supérieure, quelque nom du reste qu'on lui donne, esprit, âme, réflexion, nous apparaît comme indispensable. Sans lui le moindre plaisir, la moindre sensation sont inintelligibles. Quant à la nature de cette énergie supérieure, c'est là une question qu'il faut réserver à la métaphysique.

La perception des corps nous mène naturellement à la croyance que ces corps existent réellement hors de nous. Supprimez par la pensée tout organisme humain ou animal, ce que nous appelons les étoiles, le soleil, la terre, les minéraux, les plantes, n'en continuera pas moins à exister d'une façon incompréhensible pour nous; sans doute il n'y a pas de couleur, de son, quand on supprime par hypothèse tout œil et toute oreille, tout cerveau et tout esprit; mais il reste un ordre de relations externes qui correspond actuellement à l'ordre de relations internes qui constitue notre conscience. C'est alors qu'intervient l'expression *perception extérieure*.

LA MÉMOIRE ET L'IMAGINATION

20.—Toute sensation, toute perception peut renaître, et c'est même généralement comme images renaissantes que nos perceptions deviennent conscientes au sens ordinaire du mot; l'*imagination* ou la faculté de reproduire des sensations, des perceptions, est donc inséparable de la perception même; dès qu'une sensation ou une perception est rappelée, elle passe à l'état d'image, elle est l'objet du souvenir. La *mémoire* est essentiellement *imaginative*.

Ce qui fait qu'on emploie deux mots pour exprimer la même opération de l'esprit, c'est que, grâce au *langage*, l'imagination prend des développements inattendus et acquiert une portée presque infinie. Sans entrer ici dans l'étude détaillée du langage au point de vue physiologique, au point de vue de son origine historique et de son acquisition, soit chez les peuples primitifs, soit chez l'enfant, constatons que c'est grâce au mot, une fois formé, qu'une perception ou une image se transforme en *idée :* on peut définir l'idée une perception ou une image accompagnée d'un nom; le nom est un signe; c'est une sensation, une perception, une image, en un mot une expérience présente qui tient lieu pour nous d'une expérience, soit passée, soit absente, mais toujours regardée comme possible. L'esprit, considéré comme le dépôt de ces signes, est appelé *mémoire*. La mémoire ainsi entendue, comme renaissance des images, des signes, des noms, des idées, est la condition indispensable de toute opération intellectuelle et se confond avec la conscience même. L'analyse du plaisir et de la douleur et l'analyse des sensations nous ont amené à reconnaître l'*esprit* comme *un*, la mémoire nous le fait envisager comme *identique*.

Ramenée à son plus haut principe, la mémoire est, comme on l'a dit, la face subjective de la conservation de la force; c'est, pour prendre une autre formule équivalente, la manifestation psychologique de la *tendance à persévérer dans l'être*. A ce point de vue, la mémoire a une remarquable analogie avec l'habitude. Il n'y aurait donc pas lieu de chercher de laborieuses et inutiles explications d'un fait ultime et irréductible; la tendance naturelle de tout être, de tout organisme, étant de persévérer dans un état une fois donné, ce seraient les exceptions apparentes à cette loi universelle, ce serait l'oubli et non la mémoire qu'il faudrait s'attacher à expliquer. On trouverait cette explication dans la structure même de notre organisme intellectuel et cérébral. Les maladies de la mémoire et les maladies de la volonté, bien étudiées, éclairciraient les nombreuses déviations apparentes à cette loi fondamentale de toute activité.

L'ABSTRACTION ET LA GÉNÉRALISATION
ROLE DU LANGAGE

21. — La sensation renaissante, l'image résumée et fixée dans cette sensation et cette image en raccourci qu'on appelle le *mot* constituent l'*idée*. L'idée et le mot font donc corps ensemble; on dit du mot comme de l'idée qu'ils sont *abstraits* et *généraux*.

Abstrait, cela veut dire que le mot, comme l'idée, est un groupe de sensations ou d'images, soit de la vue, soit de l'ouïe, soit de tous deux, qui évoquent en nous un groupe généralement plus considérable d'images associées, plus ou moins expresses; ce groupe d'images évoqué est tiré, *abstrait*, de la multitude immense et confuse des images qui résument toute l'expérience de notre vie et qui se pressent à l'entrée de cette partie lumineuse de l'esprit qu'on appelle la conscience. Le mot et l'idée abstraite nous rendent donc ce service de sauver notre esprit du chaos des images. Un esprit dans lequel ne dominent pas les idées abstraites est un esprit inférieur, qui se rapproche de la bête par un commen-

cement de folie. En parcourant rapidement une longue série de
mots, c'est-à-dire d'idées abstraites, l'homme sensé garde tous
les avantages des expériences multiples que les mots résument,
sans perdre un moment la pleine conscience de lui-même;
grâce au mot, il puise à son gré dans le trésor de ses perceptions passées et il élabore en même temps ses perceptions
présentes.

On voit tout de suite que l'idée abstraite, par le seul fait
qu'elle est abstraite, est en même temps *générale*. Prenons
un exemple; le mot *arbre* et l'idée d'arbre évoquent à l'esprit
un groupe déterminé d'images, un certain élancement du
tronc, une certaine couleur des feuilles, même certains tons,
certaines odeurs, qui sont en nous le résidu de toutes les
sensations que nous ont données les arbres innombrables
que nous avons vus; cette idée et ce mot abstrait contiennent
donc comme un extrait de toute notre expérience passée; ils
indiquent, *dénotent*, comme on dit en logique, un nombre précis
de caractères et suggèrent, *connotent* un nombre indéter-
miné d'autres caractères. Les caractères en nombre déterminé, dénotés par le mot et l'idée, sont précisément ce qu'on
appelle le *contenu abstrait* du mot et de l'idée. De ce que,
pour former l'idée abstraite, on a dû négliger dans les individus qui ont servi à former cette idée un très grand nombre
de caractères, il s'ensuit que cette idée s'applique non seulement aux individus qui ont servi à la former, mais à beaucoup
d'autres qu'on ne connaît pas. L'idée abstraite est donc forcément une idée générale; une fois formée, elle devient même,
comme nous allons le voir, un instrument de découverte.

Au point de vue logique, l'abstraction concerne le nombre
de caractères renfermés dans une idée et la généralisation le
nombre d'individus auquel s'applique cette idée; c'est ce qu'on
appelle la *compréhension* et l'*extension* d'une idée. On ajoute
que la compréhension et l'extension sont en rapport inverse.

LE JUGEMENT ET LE RAISONNEMENT

22. — On ne peut avoir des idées sans les lier entre elles;
ce n'est qu'artificiellement et pour les besoins de la logique
qu'on étudie d'abord les idées prises séparément ou *notions*,
et les idées liées ensemble par l'affirmation ou par la négation, c'est-à-dire les *jugements* ou *propositions*.

Toute idée implique un jugement. En effet, pour former l'idée d'arbre, par exemple, il a fallu comparer entre eux un grand nombre d'arbres, juger qu'ils se ressemblaient par ceci, qu'ils différaient par cela, lier ensemble les caractères semblables, mettre à part les caractères dissemblables. L'idée abstraite, la notion, ne vient donc qu'après un grand nombre de jugements, dont elle n'est en quelque sorte qu'un résumé. Dans le notion, la liaison des propriétés en un seul groupe est un fait acquis, définitif; leur union ne fait plus question. Dans le jugement ou proposition, au contraire, cette liaison est considérée comme douteuse et le doute écarté par une affirmation ou une négation, par une assurance positive.

Le *raisonnement* n'est logiquement qu'une série de jugements aboutissant à un jugement définitif, implicitement renfermé dans les jugements précédents.

Il faut faire sur les rapports du jugement et du raisonnement les mêmes remarques que sur les rapports du jugement et de l'idée; le raisonnement, pour être matériellement plus compliqué, lorsqu'il se présente sous sa forme logique, n'est pas pour cela nécessairement postérieur au jugement. Bien des jugements qui paraissent primitifs sont le résultat de raisonnements inaperçus.

Les principales formes du raisonnement sont 1° l'*induction*, 2° la *déduction*, qui, bien approfondies, se ramènent du reste l'une à l'autre.

LES PRINCIPES RÉGULATEURS DE LA RAISON

23. — Les principes régulateurs de l'induction et de la déduction sont précisément ce qu'on appelle des *principes rationnels* ou *premiers principes*.

24. Principe de l'induction. — *Induire*, c'est d'un fait connu conclure à un fait inconnu; par exemple, de ce qu'une pierre qu'on laisse tomber parcourt un espace donné en un temps donné conclure qu'à n'importe quelle époque, avec n'importe quel corps et toutes conditions égales d'ailleurs, les mêmes rapports subsisteront entre les espaces parcourus et le temps de la chute, c'est induire. Une telle induction exige des garanties. Nous avons besoin de nous appuyer sur un principe; ce principe, c'est que, lorsqu'un fait s'est produit dans telles et telles conditions déterminées, si les mêmes conditions se représentent, ce fait se reproduira de nouveau. Telle est la formule du *principe de causalité*. A un autre point de vue, on l'appelle *principe de raison suffisante*.

25. Premier principe de la déduction. — On voit que le principe de raison suffisante revient à dire que les choses doivent s'accorder avec elles-mêmes; or, comme les choses ne nous sont connues que par la pensée que nous en avons, le principe de l'accord des choses avec elles-mêmes se rapproche beaucoup du principe de l'accord de la pensée avec elle-même, d'après lequel l'esprit n'a pas le droit de se contredire et qu'on appelle en logique, suivant le point de vue où l'on se place, *principe d'identité, de contradiction, du milieu exclu, de contenance*.

Nous n'avons pas à examiner ici les diverses formes qu'ont revêtues d'une part le principe fondamental de l'induction et d'autre part le principe fondamental de la déduction. Qu'il nous suffise de dire que ces deux principes fondamentaux s'éclairent l'un par l'autre et n'ont même d'usage que si on les applique conjointement; l'ordre des choses est exprimé en nous par l'ordre de nos connaissances, et l'ordre de nos connaissances n'a de valeur que s'il reproduit l'ordre des choses. Dans cette réaction mutuelle de l'ordre des choses connu par l'expérience et des conceptions de notre esprit, la première impulsion part sans doute de l'expérience; mais l'expérience ne peut contredire les principes sans lesquels elle serait impossible et qu'elle contribue d'ailleurs à mettre en lumière. Il y a une harmonie universelle qui embrasse toutes choses et qui ne nous permet pas de concevoir que les principes régulateurs de notre raison soient différents de l'ordre des réalités. « L'ordre, dit Bossuet, est ami de la raison et son propre objet. »

LA SENSIBILITÉ MORALE

SENTIMENTS DE FAMILLE; SENTIMENTS SOCIAUX ET PATRIO-
TIQUES; SENTIMENTS DU VRAI, DU BEAU ET DU BIEN; SEN-
TIMENTS RELIGIEUX.

26: — On oppose la *sensibilité morale* à la sensibilité physique, non pas qu'il y ait contradiction entre elles, mais parce que la sensibilité morale se surajoute à la sensibilité physique et la complète. Les besoins et les appétits, en se développant, deviennent des passions; le plaisir et la douleur, quand l'intelligence y prend part, deviennent des sentiments de joie et de souffrance. Avec le développement de la civilisation et à mesure que les lumières augmentent, il n'est pas de plaisir et de douleur, pas de besoin et d'appétit qui ne prennent peu à peu un caractère moral et ne deviennent sentiment et passion.

Par exemple, l'*amour paternel*, l'*amour maternel*, l'*amour filial* ont pour racine des instincts puissants résultant de notre constitution même; mais ils ne prennent un caractère moral que du jour où la réflexion, le travail de l'intelligence viennent s'y mêler, sinon pour les affermir, au moins pour les éclairer.

Le simple instinct de conservation, la recherche et la fuite de la douleur, le désir de satisfaire plus sûrement les principaux besoins suffisent à constituer la première société. Les hommes sont naturellement portés à s'unir pour se défendre contre l'hostilité de la nature environnante, contre les agressions des animaux et plus souvent encore de leurs semblables : ainsi se forment successivement la *horde*, le *clan*, la *tribu*, la *cité*, la *nation;* mais ces instincts de sociabilité ne se transforment en véritables *sentiments sociaux* que lorsqu'un certain développement intellectuel les vivifie. Enfin, outre des intérêts identiques, il faut des plaisirs et des douleurs partagés, des efforts et des travaux poursuivis ensemble, des traditions et des souvenirs communs, pour faire naître le *sentiment de la patrie.*

Un développement intellectuel plus considérable encore est nécessaire pour que l'instinct problématique de la véracité et la répulsion pour le mensonge, qu'on dit être naturels à l'homme, se transforment en un véritable *sentiment du vrai* et en un amour désintéressé de la vérité scientifique : les efforts que fit l'homme sous l'aiguillon de la nécessité pour pourvoir aux divers besoins de son corps, pour s'abriter contre les intempéries de l'air, pour se procurer des ustensiles commodes, tout l'ensemble enfin des modestes industries du bâtiment, du vêtement, de la poterie, de la métallurgie, a donné peu à peu naissance aux différents arts : en cherchant l'utile, l'homme rencontra le beau, et il se prit à aimer celui-ci pour lui-même, si bien qu'après avoir traversé deux phases, celle de l'utile pur, puis celle de l'utile mêlé à l'agréable, il en arriva à s'éprendre pour l'agréable tout seul, sans arrière-pensée d'intérêt. Or l'agréable recherché ainsi pour lui-même, c'est ce qu'on appelle la *beauté*.

Les actes reconnus utiles et propres à conserver le bon ordre de la société furent vantés d'une commune voix; on comprit qu'ils sont conformes à un ordre supérieur respectable par lui-même, et ce respect désintéressé de l'ordre prit le nom de *sentiment du bien*.

L'homme, se sentant petit en face de l'immense nature, mais puisant dans la conscience de lui-même un sentiment de perfection relative, imagina un Être qui à la justice et à l'intelligence absolues joindrait une puissance infinie et réaliserait l'harmonie du bonheur et de la vertu absente de ce monde; ainsi grandit et s'épura le *sentiment religieux*.

LA VOLONTÉ

— 27. — Lorsqu'un acte est accompli avec réflexion, dans la pleine conscience des motifs et des mobiles qui le font exécuter, on dit que c'est un acte de *volonté*. Lorsque, aux conditions précédentes, s'ajoute une préoccupation morale, l'acte volontaire est appelé *libre*; en effet, pour se faire de la liberté l'idée la moins contestable possible, le mieux est d'en faire une volonté agissant en présence de l'idée du devoir, soit qu'elle s'y conforme, soit qu'elle ne s'y conforme pas.

LA LIBERTÉ

28. — Si l'on tient à la dégager des notions morales, on peut dire que la *liberté* est le pouvoir de faire ce qu'on veut, c'est-à-dire de se déterminer sans contrainte ni extérieure, ni intérieure. Nous verrons en morale que la notion de la liberté est liée intimement à celle du devoir. Quelques philosophes en ont même fait un postulat de la loi morale.

On a donné comme preuves de la liberté : 1° la conscience intime que nous en avons; 2° les punitions et les récompenses dont use la société, l'éloge et le blâme de nos semblables.

29. **Première preuve.** — Cette preuve réside généralement

dans ce qu'on est convenu d'appeler la liberté d'*indifférence*, comme de marcher à droite plutôt qu'à gauche, de prendre dans un tas de monnaie une pièce plutôt qu'une autre. En effet, dès qu'une action cesse de nous être indifférente et qu'une passion s'en mêle, à supposer que nul devoir n'intervienne, le sentiment de notre liberté intérieure commence à vaciller. Ces exemples sont donc mal choisis. En outre, dans l'action même la plus indifférente il y a toujours certains petits motifs inaperçus qui nous déterminent, et d'autre part c'est précisément quand les actions ne sont pas indifférentes que la liberté peut avoir du prix; il vaut mieux choisir des exemples de liberté dans les grandes luttes du devoir et de la passion; mais alors la liberté prend un caractère moral et se confond, au point de n'en pouvoir être distingué, avec le sentiment du devoir.

30. Deuxième preuve. — Les punitions et les récompenses n'auraient pourtant aucun sens, si nous n'étions pas libres. Il faut remarquer que la pénalité aussi bien que l'éloge et le blâme gardent toute leur efficacité dans le système qui nie la liberté et qu'on appelle, suivant la forme qu'il prend, *fatalisme* ou *déterminisme*. Il est vrai que, dans ce système, les peines et les récompenses, comme l'approbation et la désapprobation, perdent tout caractère moral; nous retombons par là dans la nécessité d'invoquer la loi morale pour sauvegarder la liberté.

Nous pouvons donc conclure que la croyance en la liberté est intimement liée à la croyance en une loi morale, sans se confondre pourtant avec elle.

L'HABITUDE

31. — Nous avons vu que l'*habitude* est la facilité qu'on acquiert à reproduire certains actes par suite de leur répétition même, et comment les habitudes corporelles se lient aux mouvements spontanés et aux instincts. Il nous reste à étudier l'habitude, quand elle a pour origine un acte exprès de la volonté et quand elle aboutit, soit à l'impuissance de faire le bien qu'on appelle le *vice*, soit à cette heureuse impuissance de faire le mal et à cette espèce de nécessité de faire le bien qu'on appelle la *vertu*. Considérée à ce dernier point de vue, l'habitude peut avoir pour point de départ, soit un acte de volonté réfléchi, mais néanmoins profondément mêlé à l'innéité, soit un acte de volonté tellement réfléchi qu'elle peut passer pour être sans mélange. On distinguera alors les habitudes volontaires et les habitudes de la volonté.

Les *habitudes volontaires* sont celles qu'on rencontre le plus souvent chez l'homme et qui donnent lieu aux perfectionnements de nos principaux instincts et aux progrès sociaux. Ces habitudes volontaires, qu'on appelle, suivant les cas, les mœurs d'un pays ou d'une époque, le caractère d'un homme, sont celles qui se transforment le plus souvent en habitudes héréditaires, de façon à revêtir les caractères d'un instinct supérieur.

Par *habitudes de la volonté* on entend celles qui, ayant pour point de départ presque unique une résolution formelle dont on peut en quelque sorte fixer la date, sont par excellence les œuvres de la liberté morale : c'est l'habitude telle qu'on la rencontre rarement et seulement chez l'homme arrivé au plus haut degré de son développement intellectuel et moral; c'est elle qui produit la vertu dans le sens le plus élevé du mot; elle doit être considérée plutôt comme un idéal que comme une réalité.

CONCLUSIONS DE LA PSYCHOLOGIE

DUALITÉ DE LA NATURE HUMAINE; L'ESPRIT ET LE CORPS; LA VIE ANIMALE ET LA VIE INTELLECTUELLE ET MORALE

32. — En étudiant successivement l'activité physique, la sensibilité physique, l'intelligence, la sensibilité morale et la volonté, nous avons constamment employé les termes d'*esprit* et de *corps*, de système nerveux et particulièrement de cerveau et d'âme. Nous avons vu qu'il y a en nous deux vies : la vie animale et la vie intellectuelle et morale. La seconde est en quelque sorte greffée sur la première; elle la suppose et ne peut en être séparée que par abstraction : à tous les moments de notre existence nous sommes à la fois des animaux et des êtres intelligents et moraux; en d'autres termes, nous sommes à la fois *corps* et *âme*.

En analysant les conditions du plaisir et de la douleur, dès sensations de la mémoire et de l'habitude, nous avons reconnu la nécessité d'un lien substantiel destiné à relier entre eux les divers états de conscience qui composent notre vie psychologique.

Cette âme, dont nous reconnaissons la nécessité, est d'abord une expression abrégée pour résumer tout ce qui passe en nous; mais c'est aussi quelque chose de plus. Pouvons-nous nous faire une idée de ce quelque chose? C'est une question à laquelle il est difficile de répondre. On a souvent identifié la conscience de l'effort musculaire, des mouvements volontaires, avec la conscience que l'âme prendrait directement d'elle-même. « L'âme, a-t-on dit, se saisit immédiatement elle-même comme sujet de ses diverses modifications et comme cause de ses actes. » Il y a là une confusion évidente : nulle observation psychologique ne peut résoudre une question de métaphysique.

Sans entrer dans l'examen des diverses théories de l'âme conçue comme principe métaphysique échappant à l'expérience, il suffit de constater que la nature humaine est double, qu'elle a deux faces qui s'accompagnent toujours : la face *objective*, c'est-à-dire l'ensemble des faits physiques et physiologiques accessibles à l'observation extérieure; la face *psychologique*, accessible à la conscience seule. Tantôt c'est l'une de ces faces, tantôt c'est l'autre qui est la plus éclairée; mais elles coexistent toujours, et de ce qu'on voit clairement dans l'une on conclut à ce qu'on voit obscurément dans l'autre. C'est ainsi que la physique et la physiologie d'une part, la psychologie et la morale de l'autre se prêtent un mutuel concours; elles ne peuvent jamais se contredire, et, lorsqu'elles s'égarent, lorsque par exemple la psychologie se livre à des discussions abstraites, sans tenir compte des indications que peuvent lui fournir les observations, soit physiques, soit physiologiques, elle cesse d'être de la psychologie pour devenir de la mauvaise métaphysique. L'harmonieuse unité de l'être humain résulte donc de cette dualité apparente.

MORALE THÉORIQUE

PRINCIPES

INTRODUCTION

OBJET DE LA MORALE

33. — La *morale* est, comme son nom l'indique, la science des mœurs et l'art de bien vivre; comme science, elle donne lieu à des définitions, à des principes, à des théories, exposés sous forme de raisonnements plus ou moins rigoureux; comme art, elle donne occasion à des conseils pratiques résumés dans des maximes ou des proverbes ou bien développés dans des exemples, soit historiques, soit fictifs, et qui composent une sorte de *morale en action*. On traite ordinairement de la morale théorique avant d'entrer dans le détail de la morale pratique; c'est là l'ordre logique. L'ordre réel est autre; aussi a-t-on pu dire que, la morale tirant ses principes de l'expérience même, la pratique de la morale doit en précéder l'étude.

LA CONSCIENCE MORALE

DISCERNEMENT INSTINCTIF DU BIEN ET DU MAL; COMMENT IL SE DÉVELOPPE PAR L'ÉDUCATION

34. — Si l'homme devait attendre de connaître la théorie de la morale pour bien vivre, ou si même il ne devait acquérir que par une longue expérience le discernement du bien et du mal, la vie morale serait une exception comme la vie artistique; or il n'y a pas besoin d'un si long apprentissage pour être honnête homme : grâce à la constitution morale que nous héritons de nos ancêtres, nous avons dû premier

coup un discernement instinctif du bien et du mal. L'éducation même, malgré son importance, n'arriverait pas à créer
ce discernement, puisqu'il a fallu l'éducation de l'humanité,
considérée comme un seul homme qui apprend toujours,
pour fixer dans notre constitution les premiers linéaments
de la morale. L'éducation particulière et restreinte à la vie
d'un seul homme n'apporte donc que des éléments presque
inappréciables à notre constitution morale. Elle se contente
de mettre au jour, de faire éclater les dispositions morales
que nous apportons en naissant.

Fixons rapidement ce qui, dans la constitution morale de
l'Européen civilisé, revient d'une part à l'instinct moral de la
race, d'autre part à l'éducation. Si nous prenons pour type
un Français du dix-neuvième siècle, nous remarquerons
qu'une longue discipline religieuse et morale, résumée sous
le nom de *christianisme,* a contribué à fixer dans son esprit
et à enraciner dans son cœur certaines maximes de vivre qui
viennent s'ajouter aux penchants naturels de l'homme :
l'égoïsme d'un côté, le désintéressement de l'autre ; c'est
ainsi que ce mélange de préoccupations personnelles ou
égoïstes et de sentiments désintéressés ou *altruistes* qui compose la vie humaine a pris chez les peuples chrétiens des
caractères spéciaux et, pour ainsi dire, une saveur spéciale.
Pour avoir le sentiment de ce qu'on appelle la *morale chrétienne,* rien ne supplée à l'éducation religieuse qui est résultée
du développement du christianisme à travers les siècles.
C'est ainsi que la moralité juive, la moralité protestante, la
moralité catholique ont chacune leurs nuances, qu'il serait
très intéressant d'étudier.

On conçoit qu'un changement d'éducation puisse altérer et
à la longue transformer le caractère moral d'une nation. Si
l'effort combiné des particuliers et de l'État tend à rendre
l'instruction scientifique plus répandue, de la révolution qui
se fera dans les esprits résultera une révolution dans la
morale même, révolution lente et pacifique ; car ce n'est qu'à
la longue et par des efforts prolongés de génération en génération que se développe l'instinct moral.

Quant au redressement des mœurs d'un seul individu pris
à part, il est bien rare que l'éducation en vienne à bout ; les
efforts qu'on a tentés dans ce but ont souvent abouti à d'amères
désillusions ; on ne saurait être trop modeste dans ses pré-

tentions à cet égard; mais, si peu qu'on fasse, il ne faut pas oublier que c'est par des progrès imperceptibles de l'individu que se fait en définitive le progrès social. De là l'importance de l'éducation et le souci qu'en prend toute société qui a le sentiment de ses devoirs. Cette éducation devient de plus en plus *nationale* et doit être la première préoccupation des gouvernements, quels qu'ils soient.

LA LIBERTÉ ET LA RESPONSABILITÉ

LA LIBERTÉ

35. — La connaissance des principes moraux, qui est d'abord instinctive et que l'instruction vient ensuite développer, est accompagnée d'autres connaissances : en premier lieu, la connaissance de nos rapports avec les autres hommes, de nos besoins réciproques; en second lieu, la connaissance de notre liberté. Nous traiterons de ces besoins réciproques dans la morale sociale.

Nous ayons déjà vu en psychologie ce qu'est la liberté, et nous l'avons rattachée étroitement à la loi morale; mais, de ce que la liberté n'a de véritable valeur que quand elle a un caractère moral, il ne s'ensuit pas qu'elle soit une dépendance logique, un postulat de la loi morale. C'est renverser l'ordre naturel des idées que de vouloir prouver l'existence de la liberté par celle du bien et du mal moral; c'est prouver une vérité qui naît du sentiment par une vérité qui dépend de notions plus complexes. Maintenons donc, contre le philosophe Kant, que la liberté est au commencement et non à la fin de la morale. Reste à savoir quel est le sens légitime qu'on peut donner au mot *liberté*.

36. — Si par liberté on entend cette liberté d'indifférence qui consisterait à pouvoir dans tous les cas et sans aucune condition choisir entre deux partis à prendre, pour se donner le plaisir de prouver qu'on est libre, il est clair que la liberté est une chimère. Il serait absurde que l'homme cessât un seul moment d'agir d'après certains mobiles et certains motifs déterminés. Nous obéissons à nos mobiles et à nos motifs, et nous sommes libres parce que ces mobiles et ces motifs sont les nôtres. La liberté ne peut consister qu'à faire ce qu'on veut. On ne peut d'ailleurs vouloir que ce qu'on peut. Nul homme, par exemple, ne veut être immortel, tout au plus peut-il le désirer, et encore ce mot n'est-il pas exact; car on ne désire véritablement que ce qu'on peut avoir, et la volonté n'est que la forme la plus puissante et la plus réfléchie du désir.

Il est vrai que, sans admettre la *liberté d'indifférence*, certains philosophes se sont fait de la liberté une idée un peu différente de celle que nous en donnons. La liberté, pour eux, ne serait pas seulement la forme la plus réfléchie du désir; ce serait cette réflexion constamment présente à notre esprit qu'en faisant une chose nous pourrions néanmoins, sous certaines conditions, en faire une autre. L'idée de liberté se confondrait alors avec l'idée de *contingence* : par exemple, nous sommes actuellement dans cette chambre, mais nous pourrions être ailleurs; nous exerçons telle profession, mais nous pourrions en exercer une autre, et ainsi du reste.

Cette réflexion constamment présente à notre esprit serait pour nous une force; car, si par exemple nous sommes malheureux, l'idée que nous aurions pu ne pas l'être peut nous faire travailler dans l'avenir à ne l'être plus. Notre pays, par exemple, a été vaincu par une nation rivale; mais l'idée que, si certains événements n'avaient pas eu lieu, nous n'aurions pas été défaits, peut nous donner une grande force pour prévenir d'autres événements analogues; l'idée de la liberté est par excellence une de ces idées qu'on a appelées des *idées forces*.

En tous cas, l'idée de la liberté ainsi comprise a ceci de particulier qu'elle est l'idée d'un pouvoir qui ne s'exerce pas et dont l'essence même est de ne pouvoir s'exercer au moment où nous le sentons; il est donc chimérique de vouloir prouver la liberté en l'exerçant pour le simple plaisir de l'exercer; nous ne sommes jamais si libres que quand nous avons de vigoureuses passions; car c'est précisément alors que nous disons le plus nettement : « Je le veux. » Nous concevons très bien que, si les circonstances et si nos propres dispositions étaient différentes, nous aurions une volonté différente; mais nous concevons en même temps que nous aurions cette volonté différente avec une pleine liberté; être libre, pour nous, ce n'est pas être absurde, ce n'est pas sortir de la condition humaine et de la condition même de toute existence, « Demander si l'homme est libre, ce n'est pas demander s'il agit sans motif et sans cause, ce qui serait impossible, mais s'il agit par choix et sans contrainte, et sur cela il suffit d'en appeler au témoignage universel de tous les hommes; c'en est assez pour faire sentir aux philosophes combien les discussions métaphysiques à la tête d'un traité de morale sont absurdes; vouloir aller dans cette matière au delà du sentiment intérieur, c'est se jeter tête baissée dans les ténèbres. » (D'ALEMBERT.)

CONDITIONS DE LA RESPONSABILITE

37. — Ce serait une erreur funeste de faire dépendre une question aussi grave que celle de la responsabilité morale d'une question aussi obscure et aussi débattue que celle de la liberté prise au sens métaphysique du mot. Vouloir prouver que nous sommes libres en alléguant que, s'il en était autrement, nous ne serions pas responsables de nos actions, ce serait ébranler sans utilité les fondements mêmes de l'ordre social et faire dépendre les intérêts les moins contestables de la vie des opinions de tel ou tel philosophe.

La responsabilité humaine n'a pas pour condition la croyance en un dogme métaphysique, quel qu'il soit; elle a la valeur d'un axiome, elle pénètre toute la vie, elle s'impose à tout moment comme une vérité indiscutable et qu'on ne permet pas même de discuter. Le philosophe peut en faire l'objet de ses subtiles questions; l'homme social la reconnaît, sans épiloguer, dans les autres d'abord, ensuite chez lui; il n'est pas de juge, et tout citoyen peut l'être à son heure, qui doute de la responsabilité des hommes qu'il est chargé de juger; il n'est pas de criminel qui ne se déclare au fond de son cœur responsable de son crime. C'en serait assez pour établir la responsabilité. A vrai dire, elle n'est soumise à aucune condition, puisqu'en aucun cas l'homme n'est considéré comme irresponsable de ses actions; ce n'est que par abus de langage qu'on dit, par exemple, que l'enfant, que le fou, que l'homme passionné sont irresponsables : s'ils l'étaient, tout le monde le serait. Quand on parle de l'irresponsabilité du fou, on se place au point de vue de la pénalité et non au point de vue de la morale. En effet, les peines et les récompenses qui composent le code, aussi bien le code pénal que le code de l'opinion, sont calculées sur une certaine moyenne intellectuelle et passionnelle. Tous les hommes qui sont trop au-dessus ou au-dessous de cette moyenne sont légitimement considérés comme irresponsables. A ce point de vue restreint, l'homme de génie, par exemple, comme le fou et l'enfant, ont été de tout temps déclarés sacrés ; les règles ordinaires ne sont pas faites pour eux ; la société se montre indulgente à leur égard, tant qu'ils ne sont pas manifestement nuisibles. A mesure que l'instruction se répand, on incline de plus en plus à traiter les criminels de la même façon. Cette indulgence toute philosophique ne comporte pas, comme on l'a dit, de relâchement moral ; elle est simplement le résultat d'une intelligence de plus en plus nette de cette vérité, que la vindicte sociale n'est qu'une image très éloignée de la justice idéale, et que Dieu seul peut savoir exactement jusqu'à quel point un homme, dans un cas donné, mérite ou démérite.

DEGRÉS ET LIMITES DE LA RESPONSABILITÉ

38. — Concluons qu'au point de vue de la morale pure, la responsabilité n'a ni degrés, ni limites. Lui en assigner, c'est supprimer jusqu'à la notion même de la responsabilité morale ; le code seul, c'est-à-dire l'ensemble des lois édictées par la société, peut déclarer que tel homme est responsable et que tel autre ne l'est pas. C'est ainsi qu'il fixe un âge pour la majorité, c'est ainsi qu'il fixe les conditions particulières sans lesquelles un homme ne peut être considéré comme responsable de ses actions devant les tribunaux ; l'étude détaillée de ces dispositions du code est en dehors de la morale proprement dite.

Il est si vrai que les limites et les degrés de la responsabilité légale n'ont rien à démêler avec la morale, que ces limites sont infiniment variables. « Deux degrés du méridien renversent toute la jurisprudence : vérité de ce côté-ci des Pyrénées, erreur au delà. » Cette boutade de Pascal, très vraie pour la législation et par conséquent pour la responsabilité légale, est très fausse, quand il s'agit de morale. Un des principaux points de la morale universelle est précisément que le premier devoir de l'homme considéré comme *être social* est de respecter les lois de son pays. Il n'y a donc nulle contradiction à dire que la morale est universelle, quoique les codes varient infiniment.

39. — En résumé, le sentiment de la liberté bien entendue est un des sentiments les plus fortement ancrés au cœur de l'homme. En se sentant libre, l'homme se sent responsable; il ne met ni degrés ni limites à cette responsabilité, soit qu'il s'agisse des autres, soit qu'il s'agisse de lui-même. L'adolescent, par exemple, même avant sa majorité, a un sentiment profond de la justice, de la responsabilité des autres et de la sienne propre; il juge très sévèrement les autres, comme il se juge très sévèrement lui-même; mais, comme il ne peut encore connaître le code positif, la mesure dans laquelle il est censé pouvoir le connaître est la mesure même de sa responsabilité sociale. Devenu homme, il est censé connaître la loi; mais le juge équitable n'oublie pas qu'il y a des limites et des degrés à cette connaissance et il mesure la responsabilité légale de chaque homme au degré présumé de cette connaissance; tel est le vrai sens qu'on peut donner à l'expression *limites de la responsabilité.*

L'OBLIGATION OU LE DEVOIR

40. — On peut compter trois principes d'action dans la vie humaine : 1° le plaisir, 2° l'intérêt personnel, 3° le devoir; on y ajoute aussi quelquefois l'intérêt général; mais nous verrons que la poursuite de l'intérêt général, au sens propre de l'expression, est précisément une des formes les plus élevées du devoir, l'homme de bien par excellence étant le bon citoyen. Nous nous sentons *obligés* à faire certains actes et à en éviter d'autres; nous distinguons nettement cette obligation, que nous appelons *morale*, des impulsions du plaisir et des calculs de l'intérêt. A chaque instant, dans la vie, qu'il s'agisse de nos propres actions ou de celles des autres, nous portons des jugements sur la valeur morale de tel ou tel acte, et notre jugement est fondé sur une analyse des motifs et des mobiles de cet acte. Nous soumettons ainsi nos semblables et nous-mêmes à une véritable *instruction.*

CARACTÈRES DE LA LOI MORALE

41. — Le caractère de la loi morale, c'est qu'elle est *obligatoire;* elle ordonne sans condition; elle ne dit pas : Fais telle chose, si tu veux avoir du plaisir, si tu veux être heureux; elle dit : Fais ce que dois, advienne que pourra. C'est, suivant la formule de Kant, un *impératif catégorique* et non un *impératif hypothétique;* non pas que la morale puisse négliger la considération de l'intérêt, du bonheur, ces mobiles si puissants de nos actions; mais elle les subordonne à la loi supérieure du devoir, tout en nous faisant pressentir un accord possible entre le bonheur et la vertu. C'est tomber dans un excès de stoïcisme que de déclarer, avec Kant, que l'accomplissement du devoir n'est parfait qu'à la condition que nous n'y prenions pas plaisir. Si, dans les cas de désintéressement et d'héroïsme, nous sacrifions manifestement notre plaisir, notre intérêt et ce qu'il y a de plus palpable dans le bonheur à l'accomplissement de notre devoir, il n'y a vraiment pas de raison de vouloir, par un scrupule exagéré, nous priver de la joie de notre bonne action et de cette partie sublimée du bonheur qu'on appelle la satisfaction de la conscience. Peut-être même doit-on voir dans le plaisir de faire le bien le seul accord vraiment réalisable du bonheur et de la vertu. Nous examinerons cette question, quand nous traiterons des sanctions de la loi morale.

Tous les autres caractères de la loi morale sont une conséquence de ce caractère d'obligation. C'est ainsi que la loi morale est *absolue, universelle.* Par là on entend que l'obligation en elle-même a partout les mêmes caractères, quoi-qu'elle puisse avoir des applications diverses suivant les temps et les pays. Si l'on peut varier sur la réponse à cette question : Quel est le devoir? on ne varie pas sur la réponse à celle-ci : Doit-on faire son devoir, quand on le connaît? Or on a toujours des lumières suffisantes pour le connaître.

INSUFFISANCE DE L'INTÉRÊT PERSONNEL COMME BASE
DE LA MORALE

42. — L'intérêt n'est qu'une des formes du plaisir; c'est le plaisir réfléchi, à longue échéance; ce n'est pas seulement un plaisir présent uni à un plaisir futur, c'est une combinaison propre à nous fournir en un temps donné la plus grande somme de plaisir, soit présent, soit passé, soit futur; c'est, comme on l'a dit, la *maximisation* du plaisir; tel est l'*intérêt personnel* proprement dit. Il est clair qu'il ne peut servir de base à la morale, puisque, celle-ci ayant pour but de lier entre eux les hommes, ils auront toujours à faire, dans certains cas, le sacrifice de leur intérêt personnel à l'intérêt général.

INSUFFISANCE DE L'INTÉRÊT GÉNÉRAL COMME BASE DE LA MORALE

43. — Il semblerait que, si l'intérêt particulier ne peut fonder une morale, toute morale supposant une certaine aliénation de notre plaisir en faveur d'autrui et l'intérêt particulier supprimant, comme tel, tout sacrifice, l'*intérêt général*, au contraire, non seulement est capable de fournir une base à la morale, mais encore a le privilège exclusif de lui en fournir. En effet, on peut ainsi formuler la morale de l'intérêt général : Agis de telle sorte qu'en recherchant ton propre bonheur, tu contribues selon tes forces au plus grand bonheur possible du plus grand nombre d'hommes possible. Cette formule comporte de si beaux effets qu'elle peut suffire aux cœurs les plus épris de fraternité et satisfaire en même temps les esprits les plus rigoureux. S'il est chimérique de se sacrifier perpétuellement au bonheur d'autrui, quoi de plus naturel que de faire jouir les autres en jouissant soi-même, et, si l'on peut arriver par quelque combinaison à atteindre le maximum du bonheur pour soi en procurant à ses semblables leur maximum de bonheur, n'a-t-on pas obtenu le plus noble résultat que le philanthrope puisse espérer?

La grande objection qu'on peut faire à cette morale de l'intérêt général, c'est qu'elle est trop scientifique et trop savante; pour être comprise, elle exige un calcul tout à fait au-dessus des intelligences moyennes et, pour être bien maniée, une science encyclopédique doublée d'un grand sens pratique. « Il est trop évident qu'aucune cervelle humaine ne peut accumuler à elle toute seule la somme immense de connaissances qu'exige, dans l'hypothèse utilitaire, la recherche scientifique des conditions du plus grand bonheur. » (L. CARRAUD.)

Le bonheur, pour être réalisé même chez un seul individu, demande tant de conditions qu'il peut paraître très ambitieux de prétendre le réaliser dans l'espèce humaine; aussi est-ce généralement parce qu'on ne peut pas être heureux soi-même qu'on rêve de rendre les autres heureux. La morale du bonheur universel a surtout été vantée par des hommes qui désespéraient de leur propre bonheur, et, si tout le monde était dans le cas de ne trouver son bonheur que dans le bonheur de l'humanité, il est clair que cette recherche serait absurde. La morale de l'intérêt général serait un véritable suicide. Fort heureusement la morale du devoir est plus simple et incomparablement plus facile à pratiquer. Le bonheur, et surtout le bonheur général, suppose entre l'organisme humain et les conditions extérieures de son développement une harmonie qui ne se rencontre guère; la vertu ne suppose rien que l'accord de la conscience avec elle-même. —

INSUFFISANCE DU SENTIMENT COMME PRINCIPE UNIQUE DE LA MORALE

44. — Nous venons de parler de la conscience et de dire que la vertu ne suppose que l'accord de l'âme avec elle-même; nous avons opposé cette conscience à la science proprement dite; la conscience est donc considérée ici comme un sentiment en quelque sorte instantané qui nous apprend notre devoir, sans aucun luxe de réflexion et sans complication de connaissances. Abusant de cette vérité que, pour connaître notre devoir, nous n'avons pas besoin d'être très savants, des moralistes ont fait du sentiment le principe unique de la morale; ils ont dit : Puisque la science ne suffit pas à nous conduire, laissons-nous aller à notre conscience; elle ne peut nous tromper, puisqu'elle est, de deux choses l'une, ou la voix de Dieu en nous, si nous croyons en Dieu, ou le résumé de l'expérience de nos ancêtres, si nous considérons les instincts et spécialement l'instinct moral comme une lente acquisition des siècles.

Comme on le voit, la *morale du sentiment* comporte deux interprétations. Dans le premier cas, elle n'est qu'une forme de la morale théologique, qui fait du devoir un ordre de la Divinité; dans le second cas, la morale du sentiment revient à la morale utilitaire; en effet, l'instinct dont elle parle n'a de valeur que parce qu'il repose sur l'expérience et, comme tel, il a besoin d'être incessamment étendu, approfondi, contrôlé par des expériences nouvelles.

Quant à l'intervention d'un spectateur impartial qui se chargerait de résoudre les perplexités du sentiment, cette fiction ne mérite pas d'être longuement discutée; ce spectateur impartial est précisément la conscience morale, qu'il s'agit d'expliquer; c'est un autre terme pour dire le *devoir*.

Concluons donc que les morales de l'intérêt personnel, de l'intérêt général et du sentiment ne sont ni claires, ni simples, ni obligatoires, à moins qu'elles ne se réclament indirectement de la morale du devoir, à laquelle elles empruntent alors toute leur valeur. Quoi qu'on pense, on ne saurait se passer du devoir.

LE BIEN ET LE DEVOIR PUR

DIGNITÉ DE LA PERSONNE HUMAINE

45. — Puisque l'intérêt, sous ses deux formes d'intérêt personnel et d'intérêt général, est insuffisant à fonder une morale, puisque le sentiment n'a de valeur que s'il est l'interprète ou le témoin d'une loi supérieure, force nous est de revenir au bien et au devoir pur comme principe unique de la morale et comme fondement de la vertu, c'est-à-dire de la dignité de la personne humaine.

Ces expressions, *bien, devoir pur, vertu*, sont employées indifféremment dans le langage ordinaire; on dit qu'un homme se propose pour but le bien, qu'il agit conformément à son devoir, qu'il est vertueux; pourtant un peu de réflexion nous montre que ces termes, *bien, devoir, vertu*, ne sont pas tout à fait synonymes. Le bien se rapporte au but poursuivi, le devoir à la règle suivant laquelle on agit, la vertu indique une certaine habitude de poursuivre le bien et d'agir conformément au devoir : c'est le dernier épanouissement de la moralité et ce qui constitue à vrai dire la dignité de la personne humaine. Quoique ces notions se confondent dans la pratique, il sera donc bon de les analyser séparément.

LE BIEN

46. — Le *bien* est le but que nous nous proposons dans toutes nos actions; nous ne pouvons varier que dans l'idée que nous nous faisons de ce but; or nous avons vu que par le bien on entend tantôt l'intérêt personnel, autrement dit le plaisir, tantôt l'intérêt général, tantôt le devoir. On a encore essayé de définir le bien par l'excellence ou la perfection et par l'union du devoir avec le plaisir, union qu'on appelle le bonheur.

Sur le premier point, il faut remarquer que, pour mesurer les degrés de la perfection, on est obligé d'invoquer le devoir: l'homme est d'autant plus parfait qu'en développant ses facultés, il se conforme mieux à la loi du devoir; il ne lui suffit pas d'être de plus en plus fort, de plus en plus intelligent, de plus en plus sensible; il faut qu'il soit en même temps de plus en plus moral. La moralité est la condition dernière de toute perfection, les jugements des hommes ne varient pas sur ce point. Quand il s'agit d'intérêt pratique, on demande si l'homme a de la santé, s'il est assez fort, soit physiquement, soit intellectuellement, pour accomplir une tâche déterminée, s'il a une sensibilité plus ou moins éveillée, s'il est plus ou moins capable d'apprécier ou d'exécuter une œuvre d'art; mais, quand il s'agit de prononcer définitivement sur la valeur de cet homme, on demande s'il accomplit son devoir.

Quant à la théorie qui définit le bien par le bonheur et qui fait résulter le bonheur de l'union du devoir avec le plaisir, elle peut être admise avec certaines restrictions. Il est incontestable que toute théorie qui prétend ne pas tenir compte du bonheur est chimérique; il ne sert de rien de proclamer que le plaisir et la douleur sont indifférents et de s'écrier avec le philosophe stoïcien en proie à la goutte : « Douleur, tu ne me feras jamais avouer que tu es un mal. » C'est là un pur jeu de mots, qui n'a pas même le mérite de nous consoler; mieux vaut avouer franchement que le plaisir est toujours souhaitable et la douleur toujours répugnante, pourvu qu'on puisse atteindre l'un et éviter l'autre sans violer la loi du devoir. Cet accord du bonheur et de la vertu, sinon réalisé, au moins poursuivi et entrevu, est pour l'homme une force, une consolation et un espoir.

LE DEVOIR PUR

47. — De l'idée de bien, qui est le but, la fin suprême des actions humaines, nous passons à l'idée du *devoir*, qui est la loi, la règle, la forme suivant laquelle ces actions doivent s'accomplir. Cette règle ne peut, dans la réalité, se séparer du but que poursuit l'agent moral en s'y conformant; mais l'analyse abstraite distingue dans toute action morale : 1° l'*objectif*, qui est ici le bonheur au sens élevé du mot; 2° le *subjectif*, c'est-à-dire la constitution particulière de chaque individu; 3° le *formel*, qui est la règle dans toute sa rigueur abstraite, en d'autres termes, le devoir pur. La loi morale peut donc être à la rigueur étudiée indépendamment des complications que lui apportent, dans la pratique, les différentes idées que nous nous faisons du bonheur et les variations de notre organisation physique et mentale, telle qu'elle résulte de notre race et de notre éducation.

48. — Y a-t-il une règle fixe de nos actions, la loi morale est-elle réelle? Si l'on admet la distinction des impulsions du plaisir et des calculs de l'intérêt d'une part, de l'obligation ou impératif catégorique de l'autre, il faut bien expliquer le caractère singulier de l'obligation. L'école utilitaire a essayé de tourner la difficulté en faisant de ce caractère obligatoire de la loi un produit historique, un résultat du développement des sociétés humaines. Celles-ci en effet ne pouvaient subsister et prospérer sans le respect d'une loi commune, et la loi tiendrait de cette universalité même un cachet d'obligation tout à fait spécial que, faute d'un autre nom, on appelle *moralité*.

Que la loi morale soit à l'origine ou à la fin du développement social, il n'importe; peut-être même la question est-elle mal posée. La morale se fait tous les jours, son développement est ininterrompu et l'idée même du devoir se précise à mesure que les hommes accomplissent leurs devoirs. C'est le sort de toutes les idées abstraites; elles ne peuvent se séparer du détail des faits qui a servi et qui sert à les former. Il suffit que cette idée du devoir, en la prenant au point de précision où elle est arrivée à une époque déterminée, la nôtre, par exemple, soit suffisamment nette, pour qu'on puisse en fixer les caractères.

Quels sont donc les caractères du devoir? Le devoir s'appelle aussi *loi morale*. Une loi, à nous en tenir, pour le moment, au sens physique du mot, c'est une formule constante d'après laquelle certains phénomènes se produisent, par exemple le phénomène de la chute des corps. La loi morale est une règle constante d'après laquelle nous concevons que les hommes *doivent* agir. Dans le premier cas, il y a loi physique, qui se réalise toujours, puisque la loi est le résumé même de l'expérience; dans le second cas, il y a loi morale, qui ne se réalise pas toujours et qui pourrait même ne se réaliser jamais; le mot *devoir* fait toute la différence, et elle est grande. Le devoir, c'est l'obligation, c'est-à-dire la nécessité morale où nous sommes, quand nous agissons d'après la loi morale, de n'avoir d'autre motif pour accomplir la loi que la loi même.

La loi morale, le devoir pur, a donc un caractère essentiel, le caractère *obligatoire*, qui la distingue nettement 1° des lois *logiques*, lois nécessaires et universelles, mais qu'on ne peut qualifier d'obligatoires; 2° des lois *positives*, soit civiles, soit politiques, qui sont inscrites dans le code ou dans la constitution, qu'on est tenu de respecter et qui sont du reste généralement conformes à la loi morale; 3° des lois *physiques*, dont nous avons parlé plus haut; 4° des lois *physiologiques* et *psychologiques*, qui expriment simplement l'état d'un organisme donné et le mécanisme de nos facultés, lois dont il est impossible de ne pas tenir grand compte en morale, mais qui sont en elles-mêmes indifférentes au devoir; 5° de toutes les lois ou *règles d'action* que nous pouvons nous fixer dans les diverses circonstances de la vie pour atteindre un but déterminé, par exemple les règlements de vie intérieure ou d'administration domestique.

49. — Examinons en détail le dernier point. Nous pouvons nous fixer dans la conduite de notre vie certaines règles d'action, règles de prudence, d'habileté, d'intérêt bien entendu, de simple convenance, de politesse; mais ces règles ont toutes un caractère *hypothétique* : « Fais ceci, si tu veux devenir riche; suis telle règle d'économie, si tu veux augmenter ta fortune; soumets-toi à tel apprentissage, si tu veux devenir habile dans ton métier; obéis à telle prescription, suis tel régime, si tu veux être bien portant; plie-toi à tel cérémonial, si tu veux passer pour un homme bien élevé. » Dans tous ces cas il y a un *si*. En abandonnant le but, on se délivre par là même de la nécessité de se servir des moyens ; on retourne le proverbe *qui veut la fin veut les moyens*. On peut dire : « Je ne veux pas être riche, je ne veux pas être habile, je me résigne à passer pour être mal élevé. » On entend par là qu'on peut, à la rigueur, se dispenser de tous ces devoirs : ce ne sont pas de véritables devoirs. La loi morale dit : « Fais telle chose. » Elle n'ajoute rien de plus ; elle a un caractère catégorique ; l'impératif catégorique s'oppose nettement aux divers impératifs hypothétiques.

Du caractère d'obligation sans condition découlent, comme on l'a vu, deux autres caractères : 1° le devoir est *absolu*, sans restriction et sans exceptions ; 2° il est *universel*, c'est-à-dire qu'il commande la même chose à tous les hommes, dans les mêmes circonstances.

Le progrès historique incontestable de la moralité n'est pas une objection aux caractères d'inconditionnalité et d'universalité que nous reconnaissons à la loi morale. En effet, suivant une distinction qui n'est pas seulement subtile, mais profonde, ces caractères portent plutôt sur la *forme* que sur le *fond* de la loi morale. Tous les hommes, tous les peuples et tous les temps ne s'accordent pas sur le détail des devoirs ; mais tous s'accordent à reconnaître qu'il y a un devoir. Concluons donc avec Kant que le caractère d'obligation, d'impératif catégorique, est le caractère essentiel du devoir pur, qu'il est le seul véritablement important et qu'il peut se concilier avec les plus grandes variations de coutumes, de mœurs, de lois. Il suffit que l'homme se fixe à lui-même une loi, quelle qu'elle soit, du reste, et qu'il s'impose l'obligation d'accomplir cette loi pour elle-même ; de ce jour la morale est véritablement fondée ; de ce jour commence ce que Kant appelle le *règne des fins*, ce royaume idéal ou plutôt cette république où tout homme est à la fois législateur et sujet, c'est-à-dire véritablement *citoyen*.

LE DROIT ET LE DEVOIR

RAPPORTS ENTRE LE DROIT ET LE DEVOIR

50. — Nous avons vu que le devoir a pour caractère d'être obligatoire. L'obligation est stricte ; autrement elle n'existe pas ; mais une action peut ne pas être strictement *exigible* et néanmoins être regardée comme bonne. De là vient la distinction entre les devoirs stricts et les devoirs larges (négatifs et positifs, parfaits et imparfaits, de justice et de charité). Cette distinction n'est pas fondamentale ; elle se réfère au détail du code et semble être due à des particularités sociales qui peuvent varier.

Par *devoir strict* il faut entendre celui qui est tel que ses conditions puissent être précisées par la loi ; les *devoirs larges* ou *mous*, comme on les a appelés, sont ceux qui n'admettent pas dans leur expression une telle rigueur, ce qui a lieu par suite de circonstances purement sociales : c'est ainsi que tel devoir, exigible aujourd'hui de par la loi, peut cesser de l'être, et que tel autre devoir, non-exigible aujourd'hui, peut le devenir, s'il est inscrit dans la loi : certains devoirs d'assistance sociale, qui ont été longtemps considérés comme des devoirs de charité, sont devenus en partie des devoirs de justice.

DIFFÉRENTS DEVOIRS : DEVOIRS DE JUSTICE ET DEVOIRS DE CHARITÉ

51. — La distinction des devoirs de justice et des devoirs de charité suppose les notions corrélatives de droit et de devoir. Le *droit*, dans ce cas, c'est ce qui est exigible ; le *devoir*, c'est ce qu'on peut exiger de nous. L'idée de droit semble donc nous venir d'abord de l'opposition des devoirs de justice et de charité : serait devoir de justice tout devoir dont on aurait le droit d'exiger l'accomplissement, devoir de charité tout devoir dont on n'aurait pas le droit d'exiger l'accomplissement. Cette notion du droit dérivée d'une distinction douteuse est elle-même douteuse. Cherchons donc une autre définition du droit. Leibnitz disait : « Le droit est un pouvoir moral, comme le devoir est une nécessité morale. » En d'autres termes, parmi nos différents pouvoirs ou facultés, il en est que nous pouvons exercer d'après, nous ne disons pas conformément à la loi morale ; l'exercice de ces facultés serait notre droit.

Le droit et le devoir sont dits *corrélatifs*, c'est-à-dire que l'un implique l'autre. On s'est posé la question de savoir si le droit est antérieur au devoir ou réciproquement. On

pourrait maintenir la corrélation sans poser la question d'an-
tériorité; on dirait alors que le droit et le devoir sont *con-
temporains*. Si l'on résout la question dans le sens de l'an-
tériorité du droit, celui-ci aurait son fondement dans la
nature même de l'homme; il se fonderait ou sur la force
et le besoin ou sur la liberté considérée comme un principe
primitif.

52. — La force et le besoin sont sans doute à l'origine de
toute société. L'homme, comme tout animal, veut vivre et
vivre le mieux possible; il est clair qu'il a le droit de vivre et
de chercher à améliorer les conditions de sa vie. Or il rencontre dans autrui un droit semblable; qui fixera la limite
entre ces deux droits rivaux? Où s'arrêtera ce droit qu'a
l'homme de subvenir à ses besoins par la force? S'il se
considère comme supérieur à ses semblables, il déclarera
qu'il a plus de besoins que les autres, il étendra ses exigences
au détriment de ses voisins, le superflu deviendra pour lui
le nécessaire, il fera tomber aussi bas que possible le minimum de satisfactions qu'il permet à ses semblables et il fera
monter aussi haut que possible le maximum de ses propres
jouissances en les décorant du nom de besoins; s'il se limite,
ce ne pourra jamais être qu'en invoquant une idée supérieure, une idée de justice, c'est-à-dire l'idée du devoir.

On peut en dire autant de la théorie qui fait dériver le
droit de la liberté; cette liberté, qu'est-ce en dehors et indépendamment des objets sur lesquels elle s'exerce? Dire que
nous avons le droit de développer notre liberté, c'est dire
simplement que nous pouvons satisfaire nos appétits, exercer
nos facultés, même au détriment des autres. Si notre liberté
se limite elle-même, ce ne peut être que grâce à l'idée du
devoir; si donc on veut absolument que ces deux notions,
droit et devoir, dérivent l'une de l'autre, si l'on ne se borne
pas à dire qu'elles se tiennent toujours, qu'elles sont corrélatives, il vaut mieux faire dériver le droit du devoir. Le seul
véritable droit que nous aurions, ce serait celui d'accomplir
notre devoir; tout le reste ne serait que l'exercice spontané
de notre force, l'expansion de nos facultés physiques et intellectuelles; ce serait ce qu'on appelle le droit du plus avide,
du plus fort, du mieux aimé; mais ce droit-là, qui n'est
qu'un fait brutal, ne mériterait pas à proprement parler le
nom de droit.

LA VERTU

53. — La *vertu* est, comme on l'a vu, la face subjective de la moralité; en d'autres termes, c'est le caractère de l'homme qui a pris l'habitude d'accomplir son devoir.

La vertu suppose : 1° la connaissance nette du bien que nous accomplissons; 2° la liberté; 3° un certain sentiment, un certain amour du bien sans lequel il n'y a pas proprement de vertu. Suivant que l'un ou l'autre de ces éléments prédomine, on a différentes variétés de caractères vertueux : c'est ainsi que la vertu stoïque ne se confondra pas avec la vertu chrétienne, que la vertu d'un Socrate, d'un Spinosa, ne se confondra pas avec la vertu d'un d'Assas, d'un Hoche; autant d'hommes, autant de sortes de vertus.

La notion corrélative de la vertu est le *vice :* il n'y a pas de vertu qui ne puisse devenir vice; c'est ce qui a fait dire à Aristote que la vraie vertu est une moyenne entre les extrêmes. Cette théorie supprimerait toutes les vertus extraordinaires et héroïques; il est plus simple d'avouer que toutes les vertus ont leur revers et que ce qui donne la qualification de vertueux à un homme, c'est la prédominance en lui des qualités vraiment morales et utiles aux autres hommes sur les qualités, soit indifférentes, soit même nuisibles, c'est-à-dire sur les défauts et les vices dont nul homme n'est exempt.

À la notion de vertu se rattache celle de *mérite;* à la notion de vice, celle de *démérite.* Le mérite est l'accroissement volontaire de notre perfection intérieure et le démérite la diminution volontaire de cette même perfection. Indépendamment de toute idée de récompense ou de punition, nous déclarons que l'homme qui fait le bien est méritant et que celui qui fait le mal est déméritant. On a dit d'abord « bien mériter de quelqu'un, bien mériter de la patrie », en sous-entendant quelque idée vague de récompense; puis on a dit « bien mériter » tout simplement; la vertu passe alors pour être sa récompense à elle-même et l'idée de mérite ou de démérite se sépare de l'idée de récompense ou de punition, c'est-à-dire de l'idée de sanction à laquelle elle était jointe à l'origine.

LES SANCTIONS DE LA MORALE

RAPPORTS DE LA VERTU ET DU BONHEUR

54. — Par un sentiment naturel à l'homme, nous aimons, non seulement au théâtre, dans un livre, mais encore dans la vie réelle, voir la vertu récompensée et le vice puni. D'où vient cette tendance à chercher une harmonie entre deux choses aussi différentes que le plaisir et la vertu, la peine et le vice? On a essayé de montrer que la vertu et le bonheur sont deux faces d'un même fait, ainsi que le vice et le malheur. On a dit que toute action, soit bonne, soit mauvaise, a, même ici-bas, une sanction, soit individuelle, physique ou morale, comme la bonne santé et la satisfaction de conscience pour l'homme vertueux, la maladie et le remords pour l'homme vicieux, soit sociale, comme les peines et les récompenses, le mépris et l'estime. Ainsi s'établirait par le jeu même de la vie l'harmonie du bonheur et de la vertu, du malheur et du vice.

SANCTION INDIVIDUELLE

55. Sanctions physiques. — Il n'est malheureusement pas vrai que la santé, le bien-être physique accompagne l'accomplissement du devoir. Dans certains cas nous ne pouvons accomplir notre devoir qu'aux dépens de notre santé et au détriment de notre force physique. Par suite des lois de l'hérédité, nous apportons en naissant une certaine constitution, un certain tempérament qui nous exempte de souffrances ou qui fait de notre vie une longue torture, indépendamment de l'accomplissement ou de la violation de nos devoirs. Il est vrai qu'on a fait des devoirs de certaines règles d'hygiène, et l'on a eu raison; mais l'hygiène entretient la santé de ceux qui en ont, sans atténuer en rien les souffrances des malades; or il est impossible, sans tomber dans des suppositions chimériques ou sans fausser la notion de la responsabilité personnelle, de déclarer que telle constitution est un certificat d'immoralité, telle autre un certificat de vertu.

56. Satisfaction morale et remords. — Quant à cette sanction individuelle qu'on appelle la *satisfaction morale* et le *remords*, il est incontestable qu'elle existe; mais il faut se garder ici d'une confusion. Sans expliquer le remords par la revanche d'un instinct social très puissant, momentanément vaincu par des instincts inférieurs, et la satisfaction de conscience par le plaisir résultant de tout développement de nos instincts fondamentaux, on peut dire néanmoins que la satisfaction morale et le remords ont des liaisons si intimes, d'une part avec l'état de notre organisme, de l'autre avec l'état social dans lequel nous vivons, qu'ils s'oblitèrent ou se surexcitent suivant notre état de santé ou de maladie et suivant notre position sociale. C'est ainsi, pour prendre des exemples bien connus, que certaines maladies sont accompagnées d'une perversion du sens moral; que d'autres maladies, plus délicates, si l'on veut, ont pour symptômes une véritable hyperesthésie du sens moral qui fait la torture des âmes trop sensibles; que dans certaines sociétés on se délivre mutuellement du remords par une sorte de convention tacite. Le remords en effet a besoin, pour naître et surtout pour durer, d'être alimenté par le mépris de nos semblables; or il y a dans le monde un grand nombre de petites sociétés de complaisance mutuelle, et l'on sait que les criminels ou simplement les gens d'une morale facile ont précisément une tendance à se constituer en sociétés de cette sorte. Tout en reconnaissant la valeur de la sanction individuelle, il n'y a donc pas lieu de l'exagérer.

SANCTIONS SOCIALES

57. — Heureusement, les sociétés dont nous venons de parler sont l'exception : toute société qui aurait pour but le mal arriverait bientôt à se détruire elle-même. La grande société est la société des honnêtes gens, qui ont intérêt à maintenir autant que possible l'harmonie de la vertu et du bonheur, du malheur et du crime. De là la grande importance des *sanctions sociales*. Ce sont, à vrai dire, les seules qui se rapprochent un peu de la justice idéale telle que nous la concevons; ce sont, en tout cas, les seules efficaces. L'ensemble de ces peines et de ces récompenses est le *code pénal*, dans le sens large du mot. Remarquons que la législation positive s'occupe spécialement des peines et ne fait pour

ainsi dire aucune_place aux récompenses; mais on peut
dire que le fait seul d'échapper à toute douleur, à tout
ennui provenant de la violation de la loi est déjà une récompense suffisante pour l'honnête homme; plaisir et douleur sont choses toutes relatives et ne pas être puni,
c'est être récompensé; néanmoins d'intéressantes tentatives
ont été faites pour donner une plus large place aux récompenses dans les sanctions de la loi positive; il suffit de citer
les distinctions honorifiques, les primes, les pensions, qui
sont ou qui devraient être de véritables récompenses. Ce qui
empêche sans doute de donner une plus grande extension à ce
genre de sanction, c'est que, tout en considérant comme une
injustice de punir un innocent, on est porté à regarder comme
à peu près indifférent de récompenser, nous ne dirons pas
un coupable, mais un homme qui n'a rien fait ni en bien ni en
mal. Il y a là une manifeste injustice qui a frappé jusqu'ici
de stérilité tous les essais de sanction par la récompense.

SANCTIONS SUPÉRIEURES : LA VIE FUTURE ET DIEU

58. — Malgré l'importance des sanctions sociales, il est clair
qu'elles ne peuvent s'étendre à tout ; nous venons de voir
qu'elles sont insuffisantes au point de vue des récompenses;
au point de vue des peines, on peut dire qu'elles n'atteignent
pas toutes les violations de la loi morale, à moins qu'on ne
déclare immoral que ce qui est défendu par le code; encore
bien des gens trouvent-ils le moyen de violer l'esprit du code,
en en respectant suffisamment la lettre pour échapper à toute
pénalité. Il faut donc admettre la nécessité de sanctions supérieures aux sanctions individuelles ou sociales. Ces *sanctions
supérieures* sont la *vie future* et *Dieu*.

Dieu est considéré comme un être intelligent et juste, rémunérateur et vengeur, et la vie future est la condition de ces
rémunérations et de ces vengeances. Sur quel type d'ailleurs
peut-on concevoir cette justice divine ? Évidemment sur le
type de la justice humaine, quand elle est éclairée; autrement,
ce serait ne rien dire que de recourir à Dieu. Il est incontestable que l'idée de la justice divine ainsi conçue peut avoir
une grande action sur les hommes; mais ce seront toujours des hommes qui se chargeront d'être les interprètes de
la Divinité ; il sera toujours à craindre que l'homme ne pro-

fite de ce caractère sacré attribué à la justice divine pour satisfaire ses propres passions ou du moins pour donner à ses faibles lumières sur ce qui est bien et sur ce qui est mal une autorité qu'elles ne peuvent avoir; tel est, à côté d'immenses avantages, le danger de toute religion, aussi bien de la religion qu'on appelle naturelle que des religions révélées. Il serait fâcheux que l'abus que les hommes peuvent faire de la justice divine retombât sur la morale même ; c'est ce qui explique les efforts d'un grand nombre de moralistes pour fonder une *morale indépendante* de l'existence de Dieu. C'est une question de savoir si cette morale peut se suffire à elle-même. Kant voyait dans l'incertitude où nous sommes de l'existence de la vie future et de Dieu la condition de toute véritable moralité. Une morale indépendante de la vie future et de Dieu n'est pas une morale sans vie future et sans Dieu ; à plus forte raison n'est-ce pas une morale contre la vie future et contre Dieu. Néanmoins il sera très utile de graver dans tous les cœurs la croyance en une vie future et en Dieu. Diderot remarquait que la pensée d'un Dieu toujours présent est très propre à nous empêcher de mal faire. Sans doute c'est là la morale de l'humanité enfant et non de l'humanité philosophe ; mais quel est l'homme qui peut se vanter de ne pas être enfant à ses heures ? L'homme social n'est même jamais autre chose. — « Ces principes, dit Voltaire, sont nécessaires à la conservation de l'espèce humaine ; ôtez aux hommes l'idée d'un Dieu vengeur et rémunérateur : Sylla et Marius se baignent dans le sang de leurs concitoyens ; Néron ordonne avec sang-froid le meurtre de sa mère..... Ne nous dissimulons point qu'il y a eu des athées vertueux : l'instinct de la vertu qui consiste dans un tempérament doux et éloigné de toute violence peut très bien subsister avec une philosophie erronée; mais mettez ces doux et tranquilles athées dans des grandes places, jetez-les dans des factions : pensez-vous qu'ils ne deviendront pas aussi méchants que leurs adversaires ? Voyez dans quelle alternative vous les jetez : ils seront des imbéciles, s'ils ne sont pas des pervers. »

On voit que c'est surtout au point de vue de la morale sociale et dans le but de rendre dociles les gouvernés et modérés les gouvernants que les philosophes ont invoqué ces dernières sanctions de la loi morale.

MORALE PRATIQUE

APPLICATIONS

DIVISION DES DEVOIRS

59. — On peut diviser les devoirs en quatre catégories :
1º devoirs de l'homme envers les créatures en général, c'est-
à-dire les animaux, nos frères inférieurs, comme on les a
appelés ; 2º devoirs de l'homme envers lui-même ; 3º devoirs
de l'homme envers ses semblables ; 4º devoirs de l'homme
envers Dieu.

On ne conteste guère les devoirs de l'homme envers ses
semblables ; aussi la morale sociale a-t-elle été de tout
temps la plus cultivée. On a contesté par divers arguments
les devoirs de l'homme envers lui-même, ses devoirs envers
les autres créatures, telles que les animaux, enfin ses devoirs
envers Dieu ; nous examinerons ces objections, chemin faisant.

DEVOIRS INDIVIDUELS

LEUR FONDEMENT

60. — Quand nous avons étudié les rapports du droit et
du devoir, nous avons vu qu'il est préférable de parler des
devoirs avant de parler des droits ; c'est qu'en effet, si l'on
ne veut pas faire intervenir la Divinité, on ne peut parler de
droit que lorsque l'homme est mis en rapport avec ses semblables. Le droit est exigible : vous avez le devoir de respecter
ma propriété et j'ai le droit d'exiger que vous la respectiez.
Ici le devoir est clair comme le droit correspondant ; mais,
si je me suppose, ce qui est d'ailleurs inadmissible, complètement isolé de mes semblables et bien plus seul que Robinson

Crusoé dans son île, je conçois que je puis avoir des devoirs
envers moi-même sans droits correspondants de la part de
mes semblables, puisque ces derniers sont supposés ne pas
avoir d'action sur moi ; mes devoirs individuels seraient alors
antérieurs et supérieurs en quelque sorte à tous les autres ; je
devrais respecter en moi la dignité humaine, et c'est dans ce
cas surtout que je devrais m'aider de cette fiction, que les autres hommes et que Dieu lui-même me contemplent. En effet,
il est bien difficile qu'un homme, même tout à fait isolé, se
délivre complètement de ces deux idées, qu'il a des semblables
qui pourront être informés de sa conduite et qu'en tout cas
il a Dieu pour invisible témoin de tous ses actes.

A bien examiner la question, on voit que l'idée plus
ou moins obscure des autres hommes et de Dieu considérés
comme témoins possibles de nos actes les plus secrets serait
le véritable fondement des devoirs purement individuels, s'il y
en avait de tels ; mais la *solidarité morale* ne permet pas qu'il y
en ait. Il serait en effet périlleux de poser la dignité humaine
à part de toute relation, soit avec nos semblables, soit avec
Dieu ; le respect de soi-même est en grande partie le respect
des autres et le respect en nous de quelque chose de supérieur à nous ; c'est une vérité reconnue par tous les moralistes que l'homme réduit à lui-même est fort peu de chose.
L'homme vit en société et puise dans ses rapports avec les
autres hommes la meilleure partie de sa force ; l'homme prétendu vertueux qui voudrait s'isoler de ses semblables n'arriverait, après bien des efforts, qu'à faire du respect de soi-
même un orgueil misanthropique ; il abandonnerait toutes
les véritables vertus pour se complaire dans un monstrueux
égoïsme. Ne craignons donc pas de dire que les devoirs individuels ont leur meilleur fondement dans les devoirs sociaux ; c'est ce que montrera d'ailleurs le détail de ces devoirs
individuels.

PRINCIPALES FORMES DU RESPECT DE SOI-MÊME :
LES VERTUS INDIVIDUELLES

61. Tempérance. — La *tempérance* est la modération dans
la satisfaction des besoins et des appétits résultant de notre
organisation, tels que la faim, la soif ; en d'autres termes,
c'est le bon usage des plaisirs.

Si le plaisir n'est pas lui-même un mal, s'il est même, avec l'accomplissement des devoirs, la condition essentielle du bonheur, il s'ensuit que tout plaisir est souhaitable, pourvu qu'il ne soit pas en contradiction avec la loi morale. Or qui se chargera de fixer la limite au delà de laquelle la poursuite du plaisir devient blâmable ? Du moment qu'en jouissant nous ne faisons pas souffrir les autres, qui pourra nous contester la légitimité de nos jouissances ? N'est-ce pas l'état même de notre organisme et la puissance de nos facultés qui sont la mesure et la règle de nos plaisirs comme de nos souffrances ? Nul idéal, soit ascétique, soit épicurien, ne peut servir de type à l'honnête homme dans la recherche ou dans la fuite des plaisirs ; le sybarite qui se plaignait d'un pli de rose et le stoïcien qui dans les tortures de la goutte déclarait que la douleur n'est pas un mal étaient-ils plus tempérants l'un que l'autre ? A moins d'invoquer les devoirs sociaux pour résoudre cette question de casuistique, il est impossible de prendre parti : le stoïcien n'est, dans ce cas, supérieur à l'épicurien que parce que, tout en manquant à la tempérance, considérée comme un juste milieu sans valeur morale, il peut, par sa prétention même à l'insensibilité, se rendre plus utile à ses semblables ; se piquant de ne pas s'occuper de lui-même, peut-être s'occupera-t-il davantage des autres.

Tous les préceptes de tempérance qui concernent le manger, le boire et les autres besoins se résument à dire : « Ne vous rendez pas par vos excès inutiles ou nuisibles à vos semblables. » En effet, quand, tout en tombant dans l'excès, vous rendez service à autrui, personne ne vous accusera de manquer à vos devoirs. L'homme qui ruine sa santé par un excès de travail, qui dépense plus de forces qu'il n'en emmagasine et dépérit, mais qui, dans tous ces actes, n'a d'autre but que de satisfaire à de rigoureuses obligations, telles que de payer des dettes léguées par sa famille ou de soutenir des enfants dont il a la charge, ne sera jamais considéré comme immoral, quoiqu'il manque aux premières prescriptions de l'hygiène. La tempérance, dans ce cas, serait regardée par bien des gens comme de l'égoisme. L'homme véritablement tempérant serait, à ce compte, incapable des fortes vertus.

62. Prudence. — Pour les anciens, la *prudence* était la

science ou plutôt la science appropriée au but pratique de la
vie. Savoir pour pouvoir, connaître les lois de la nature pour
en tirer parti, découvrir les ressorts qui font mouvoir les
hommes pour apprendre à les diriger, se connaître soi-même,
savoir ce dont on est capable, bien fixer son but dans la vie et
choisir les moyens les plus propres à l'atteindre, telles sont
les maximes de la prudence. Elle devient une vertu, quand
elle subordonne tous ces buts pratiques à un but supérieur,
le perfectionnement moral et l'accomplissement du devoir.

63. Courage. — Le *courage* est en grande partie la conscience de notre force, soit physique, soit intellectuelle, soit
morale ; quand ces trois forces se trouvent réunies, on a
la perfection du courage ; cette réunion constitue le héros.
Sans prétendre à l'héroïsme, tout homme a le devoir de ne
pas laisser péricliter ses forces physiques, de développer son
intelligence, d'accroître sa moralité. Le courage militaire, le
courage civil, le courage intérieur en quelque sorte, c'est-à-
dire la résistance à l'injustice et à la corruption, telles sont les
principales faces de cette vertu.

On a souvent, mais à tort, opposé le courage physique
au courage moral. Sans une certaine somme d'énergie
physique, le courage moral n'est qu'apathie ou résignation ; sans un certain développement de l'intelligence et
de la moralité, le courage physique n'est que brutalité pure.
« Tu trembles, carcasse », disait Turenne en s'adressant à
son corps ; « tu tremblerais bien plus, si tu savais où je vais
te mener. » Dans cet exemple, la carcasse dont parle Turenne
n'était pas tout à fait défaillante, une dose suffisante de
force physique servait de base à la force morale ; c'est dans
ce sens que, suivant l'expression de Bossuet, une âme vail-
lante est toujours maîtresse du corps qu'elle anime.

64. Respect de la vérité. — Il y a dans la *vérité* et dans la
logique une telle force qu'elles s'imposent aux intelligences
exercées, puis, à travers les intelligences, aux volontés ; la
raison est amie de la vérité ; un certain développement de
l'intelligence entraîne à sa suite l'amour de la vérité pour
elle-même ; nous cherchons le vrai et nous le disons d'abord
sans aucune préoccupation morale ; nous obéissons à une nécessité en quelque sorte logique : notre respect pour la vérité
est un respect scientifique avant d'être un respect moral.

Le *mensonge* ne commence à proprement parler que lorsque

nous déguisons sciemment la vérité ; c'est un vice grossier, et le devoir de respecter la vérité va beaucoup plus loin que cette prescription négative : ne pas dire de mensonges. On ne respecte pas la vérité quand on ne l'aime pas, quand on ne la recherche pas par tous les moyens possibles, quand on ne la partage pas avec ses semblables. Les restrictions mentales par lesquelles on arrive à ne pas dire la vérité, tout en évitant de la violer ouvertement, sont peut-être la plus grande violation du respect de la vérité : l'*hypocrisie* est plus immorale que le mensonge.

65. Respect de la parole donnée. — Le respect de la parole donnée n'est qu'une forme particulière du respect de la vérité. Un honnête homme n'a pas besoin de jurer, son caractère jure pour lui ; s'il ne disait pas la vérité du premier coup, à quoi servirait qu'il jurât de la dire ? Entre manquer à la vérité et manquer à sa parole il n'y a pas grande différence ; néanmoins on a de tout temps et avec raison fait une distinction entre la simple affirmation et l'affirmation avec parole donnée ou sous serment : quand un homme vous a affirmé une chose, on ne l'offense pas absolument en lui demandant d'en donner sa parole et c'est une pratique usuelle des tribunaux de *déférer le serment*.

66. Dignité personnelle. — De l'accomplissement des devoirs que nous venons d'énumérer résulte en nous le sentiment de la dignité personnelle. Les devoirs individuels, avons-nous dit, ne se distinguent pas au fond des devoirs sociaux et le sentiment de notre dignité personnelle ne peut que bien difficilement se séparer de l'estime ou du mépris où nous tiennent nos semblables. Nul homme, s'il n'est fou, ne peut prétendre opposer le sentiment de sa dignité personnelle à un sentiment unanime de mépris ou de désapprobation dont il serait l'objet de la part des autres hommes ; pourtant le désaccord entre l'opinion que nous avons de nous-mêmes et celle que les autres hommes ont de nous, lorsqu'il n'est que momentané et que nous avons la conviction intime de pouvoir le faire cesser un jour, est peut-être la plus belle occasion, sinon la plus souhaitable, de faire preuve de dignité personnelle.

« Un monde, s'il a tort, ne pèse pas un juste, »

a dit à ce propos un grand poète.

DEVOIRS GÉNÉRAUX DE LA VIE SOCIALE

67. — L'homme n'acquiert toute sa valeur que quand il vit en société; c'est avant tout un *être social;* on peut même dire, comme nous l'avons déjà fait, qu'un être isolé est une pure fiction et que, n'ayant nul rapport avec personne, si ce n'est avec Dieu, il ne peut avoir, à proprement parler, de devoirs. Les différents groupes dont se compose la société humaine tracent les grandes lignes de la morale sociale ; il y a d'abord le *genre humain* considéré comme une seule grande famille dont les différents membres sont les nations, puis les *nations* elles-mêmes ou l'*État*, enfin les *familles* proprement dites, dernier groupe où l'analyse doit s'arrêter; car au delà il n'y a que de la poussière humaine, des individus qui valent surtout par leur coopération, non pas forcée, mais libre et d'autant plus sérieuse, à l'œuvre sociale.

On peut, dans l'étude des devoirs sociaux, commencer par les devoirs envers l'humanité et par les devoirs des nations entre elles, continuer par les droits et les devoirs réciproques des citoyens d'un même État et terminer par les devoirs de famille; on peut aussi suivre l'ordre inverse. On peut enfin, sans s'astreindre à cette progression croissante ou décroissante, examiner en bloc les devoirs qui s'imposent à l'homme social, en traçant dans ces devoirs deux grandes sections; les devoirs de justice et les devoirs de charité; on compléterait alors cette étude sommaire de la morale sociale prise dans son ensemble en exposant avec quelques détails complémentaires les devoirs de famille, les devoirs professionnels, les devoirs civiques, les devoirs des nations entre elles; enfin on donnerait à la morale sociale sa conclusion naturelle en parlant de la morale religieuse, c'est-à-dire des devoirs de l'homme envers Dieu, morale qui a toujours passé pour un des plus fermes liens de la société.

RAPPORTS DES PERSONNES ENTRE ELLES

68. — Nous avons énuméré les divers rapports que les personnes peuvent avoir entre elles. Quelle est l'origine de ces rapports? La société est-elle naturelle à l'homme et le déve-

.oppement des sociétés obéit-il à une loi de progrès et à une sorte de providence ? Telles sont les deux questions connexes qui se posent au seuil de la morale sociale.

Que la société soit naturelle à l'homme, c'est ce qu'il est difficile de contester, tous les faits universels pouvant être qualifiés de naturels; l'homme a toujours vécu en société, aussi loin que nous font remonter, non seulement les données de l'histoire, mais les inductions de la science préhistorique; ce n'est que par un raffinement de civilisation qu'on a pu rêver d'un état primitif de l'humanité où l'homme sauvage aurait vécu complètement seul comme certains anthropoïdes.

Le développement des sociétés, ce qu'on appelle le progrès, obéit-il à une direction relativement fixe, suit-il une loi providentielle?'Cette seconde question est plus délicate que la première. Quelle que soit la solution qu'on adopte, qu'on représente avec certains philosophes l'humanité comme tournant toujours sur elle-même dans un cercle de changements qui nous donnent l'illusion du progrès, qu'on pense avec d'autres que l'homme tient son sort entre ses mains et qu'il peut véritablement diriger le cours du destin, ou bien qu'on admette une espèce de collaboration de la Providence divine et de la liberté humaine, il n'en est pas moins vrai que les hommes vivant en société ont entre eux certains rapports qu'on peut déterminer et qui donnent naissance à des droits et à des devoirs acceptés et reconnus de tous.

Il faut avouer que, suivant les diverses conceptions qu'on se fait du progrès social et de la destinée humaine, on aboutit, même dans le détail de la morale, à des résultats différents : le squelette seul de la morale reste le même; mais, s'il est permis de se servir de ces expressions, sa chair, son sang, son esprit, tout ce qui est vivant en elle, peut varier. « La morale sociale n'est pas une science mathématique, une science abstraite; c'est une conception de rapports, une science de la vie variable suivant les idées que l'on se fait de la vie. L'homme qui sent en lui un être réel, une force propre, un individu véritable et qui se croit destiné par un Créateur personnel et libre à un développement infini dans l'univers sans bornes et dans la création sans fin ne saurait avoir logiquement la même morale que l'homme qui se regarde comme une collection accidentelle de molécules, comme un phénomène d'une force inconsciente, phénomène éclos aujourd'hui pour s'anéantir demain. La morale d'une société fondée sur la première des idées est la morale du devoir et de l'activité universelle; quant à la société où régnerait l'idée contraire, la masse y vivrait au jour le jour dans les satisfactions de l'instinct; les natures d'élite s'y réfugieraient dans une résignation douloureuse et inerte. » (HENRI MARTIN.)

Nous retrouverons cette question, quand il s'agira d'étudier le rôle du sentiment religieux en morale.

DEVOIRS DE JUSTICE

RESPECT DE LA PERSONNE DANS SA VIE

69. — La vie est le bien le plus précieux de l'homme, puisqu'elle est pour lui la condition des autres biens; la première forme du respect de la personne humaine est donc le respect de la vie humaine; on doit respecter la vie chez les autres et chez soi-même; chez les autres, c'est la question d'homicide; chez soi-même, c'est la question du suicide.

CONDAMNATION DE L'HOMICIDE

70. — L'homicide est le plus grave de tous les crimes; il est irréparable ; celui qui a privé de la vie un de ses semblables ne saurait prétendre réparer en mourant lui-même le tort qu'il a fait à autrui et à la société; il ne peut donc y avoir aucune exception à la condamnation que la morale sociale porte de l'homicide.

EXAMEN DES EXCEPTIONS RÉELLES OU PRÉTENDUES

71. La peine de mort. — La seule exception à la condamnation de l'homicide est le cas de la peine de mort. C'est un homicide légal, entouré de toutes les garanties de justice et préservé de toutes les causes d'erreur. L'erreur néanmoins est-elle tout à fait impossible? La justice peut-elle être infaillible? N'est-il jamais arrivé dans aucun cas et ne peut-il jamais arriver que les juges chargés de prononcer sur la vie ou sur la mort d'un de leurs semblables soient eux-mêmes victimes

d'un concours de circonstances propres à déterminer faussement leur conviction? En fait, de pareilles erreurs se sont produites. Logiquement, elles ne peuvent pas ne pas se produire ; il semblerait donc qu'aucune règle de probabilité ne peut légitimer une condamnation à mort dans le cas où il n'y a pas flagrant délit. Reste donc le cas de flagrant délit. Doit-on punir l'homicide avéré par la mort? Doit-on appliquer dans ce cas la loi du talion? Au point de vue de la logique et de la morale, nulle nécessité pareille ne se présente.

Il est illogique de racheter la mort d'un homme, laquelle est un mal, par la mort d'un autre homme, laquelle ne saurait être un bien. Moralement, il n'y a aucune identité à établir entre le crime d'homicide et la peine de mort ; la maxime *que les assassins commencent!* ne peut s'appliquer ici ; car c'est un homme dégradé par l'habitude du vice ou emporté par la passion, c'est un criminel qui tue ; ce sont des juges éclairés, intelligents, calmes, réfléchis qui prononcent la peine de mort. L'homicide, dans ce dernier cas, a un caractère infiniment plus sérieux que dans le premier : une exécution après jugement est toujours quelque chose de plus grave qu'un assassinat.

72. — Les raisons qu'on peut invoquer en faveur de la peine de mort sont 1° la justice, 2° l'intérêt de la défense sociale.

Il est bien délicat pour l'homme de se mettre à la place de Dieu et de déclarer au nom de la justice divine que la mort ne peut être expiée que par la mort. Cette équation prétendue entre le crime et la peine est toute autre chose que de l'équité.

On défend mieux la peine de mort en invoquant l'intérêt de la société. Il est certain qu'il n'y a pas de peine plus redoutable et d'un plus saisissant exemple que la peine de mort; le code militaire en fait foi : quand un intérêt grave est en jeu, quand il faut obtenir à tout prix le respect de la loi sans chicanes et sans échappatoires possibles, rien de plus simple et de plus pratique à la fois que d'inscrire à la suite de chaque violation possible de la loi ce mot très significatif : *mort*. Il est donc incontestable que, si la société se sent mal protégée par tout autre moyen que la mort des criminels, que si, par exemple, elle trouve insuffisantes les prisons, les divers modes de transportation et en général toutes les peines qui ont pour but d'annuler le criminel et de le rendre incapable de nuire, elle a le droit de s'en débarrasser en le faisant mourir. Toute la question est donc de savoir si la société, avec les ressources infinies dont elle dispose, ne peut pas annuler un homme sans recourir à un homicide légal. C'est à la civilisation croissante à résoudre par la pratique cette question que les discussions théoriques ne peuvent qu'embrouiller.

73. Le cas de légitime défense. — On a cité comme seconde exception à la condamnation de l'homicide le *cas de légitime défense*. Ce cas a-t-il jamais été bien défini et peut-il l'être? Il est clair qu'un homme attaqué et menacé de perdre la vie, s'il ne se défend pas, fera tous ses efforts pour éviter la mort; mais ira-t-il jusqu'à tenter délibérément de tuer son adversaire? Tout le problème est là. En effet, je puis, pour parer à un simple accident, faire un mouvement instinctif qui déterminera la mort d'un homme; ces cas ne sont pas rares : il y a un grand nombre d'homicides involontaires causés par un mouvement irréfléchi de défense très légitime. La difficulté commence, quand il s'agit de savoir si l'on a le droit d'aller plus loin que ces mouvements instinctifs et de tuer résolument un homme pour éviter qu'il vous tue. Mais comment mesurer le degré de probabilité du danger qu'on peut courir? Jusqu'à quel point suis-je sûr d'être tué, si je ne tue pas? Et de quel délicat usage n'est pas ce prétendu droit de légitime défense? Du moment que je l'exerce avec pleine réflexion, j'échappe difficilement au reproche d'être un froid et habile assassin. Il est périlleux de proclamer, au nom de la morale, un droit dont on peut faire si facilement un criminel usage.

Reste un fait, qui est qu'attaqués, nous nous défendons et ne pouvons toujours mesurer exactement notre défense au degré de l'agression dont nous sommes l'objet. Nous sommes donc excusables, si nous tuons; mais à quoi bon donner à ce fait la consécration de la morale et de la loi, laquelle ne peut être ici que l'interprète de la morale? Une telle exception à la condamnation de l'homicide ne délivrerait pas l'honnête homme d'un remords et donnerait par contre au malhonnête homme un prétendu droit à se faire justice à lui-même au mépris de la vie d'autrui.

Le duel est une extension du cas de légitime défense. Il a été imaginé pour suppléer aux lacunes de la vindicte sociale.

74. Le suicide. — Le *suicide* est une sorte d'homicide, mais avec cette circonstance toute particulière qu'on se tue soi-même au lieu de tuer autrui. On est tenu de respecter la vie de son semblable; mais est-on tenu de respecter sa propre vie? Nous avons vu que tous les devoirs individuels empruntent leur valeur, soit à des devoirs sociaux, soit à des devoirs envers Dieu : tel est le cas du devoir de la conservation de soi-même. Le suicide est condamné à deux points de vue : au point de vue de la morale religieuse, l'homme est considéré comme ayant été mis par Dieu dans un poste qu'il ne doit pas déserter; au point de vue de la morale sociale, l'homme, si malheureux et si incapable qu'il soit, peut toujours être de quelque utilité à ses semblables; en se tuant, il dispose d'un bien qui n'est pas tout à fait à lui; il manque à un de ses devoirs sociaux. « Les lois de la société obligent ses membres de se conserver pour elle et par conséquent leur défendent de disposer d'une vie qui appartient aux autres hommes presque autant qu'à eux : voilà le principe que la morale purement humaine nous offre contre le suicide. On demande si ce motif de conserver ses jours aura un pouvoir suffisant sur un malheureux accablé d'infortune à qui la douleur et la misère ont rendu la vie à charge. Les législateurs purement humains ont pensé qu'il était inutile d'infliger des peines à une action dont la nature nous éloigne assez d'elle-même et que ces peines d'ailleurs étaient en pure perte, puisque le coupable est celui à qui elles se font sentir le moins. Ils ont regardé le suicide tantôt comme une action de pure démence, une maladie qu'il serait injuste de punir, parce qu'elle suppose l'âme du coupable dans un état où il ne peut plus être utile à la société, tantôt comme une action de courage qui, humainement parlant, suppose une âme ferme et peu commune : tel a été le suicide de Caton d'Utique. » (D'ALEMBERT.)

On peut résumer ainsi la condamnation du suicide : si déshérité qu'on soit de la nature et si abandonné qu'on soit des hommes, on est toujours bon à quelque chose; quand on ne peut plus être utile à soi-même, on peut encore être utile aux autres; quand on a personnellement renoncé à être heureux, on n'est pas pour cela en droit de renoncer à contribuer au bonheur de son semblable. Ne pas se tuer est dans certains cas un acte de désintéressement.

RESPECT DE LA PERSONNE DANS SA LIBERTÉ

75. — Il ne suffit pas de respecter l'homme dans sa vie, il faut encore le respecter dans sa liberté. Nous avons vu que certaines écoles de philosophie font précisément de cette liberté le fondement du droit et du devoir. Les plus graves atteintes qu'on puisse porter à la liberté de l'homme sont l'esclavage et le servage.

76. L'esclavage. — Les anciens, et spécialement Aristote, défendaient l'*esclavage* en disant que parmi les hommes il en est qui sont naturellement inférieurs à d'autres; mais cette infériorité n'est-elle pas le résultat même de l'esclavage? N'est-ce pas un cercle vicieux de dire : Tel homme, n'ayant ni ma force ni mon intelligence, est par là même mon inférieur; il sera donc mon esclave, et je le maintiendrai dans cette infériorité dont il pourrait peut-être sortir? N'est-ce pas à ceux qui sont plus élevés de tendre la main à ceux qui le sont moins, pour les élever jusqu'à eux? N'est-ce pas à l'homme intelligent et supérieur par son intelligence à travailler de toutes ses forces à supprimer les inégalités, non seulement sociales, mais intellectuelles et morales?

Telle est la véritable solution de la question de l'esclavage. C'est par l'intermédiaire de l'égalité civile et politique que s'établissent peu à peu l'égalité sociale et enfin l'égalité intellectuelle et morale, qui est la véritable fraternité. Cette vérité n'avait pas échappé aux anciens, et particulièrement à Aristote : il voyait dans l'avènement aux affaires de la classe moyenne, ou plutôt dans le nivellement définitif des conditions sociales, la condition même de toute bonne société. « Il faut dire encore qu'avec cette excessive supériorité que donnent l'influence, la richesse, un nombreux parti ou tel autre avantage, l'homme ne veut ni ne sait obéir. Dès l'enfance, il contracte cette indiscipline dans la maison paternelle, et le luxe dont on l'a constamment entouré ne lui permet pas d'obéir, même à l'école. D'autre part, une extrême indigence ne dégrade pas moins. Ainsi la pauvreté empêche de savoir commander et elle n'apprend à obéir qu'en esclave; l'extrême opulence empêche l'homme de se soumettre à une autorité quelconque et ne lui enseigne qu'à commander avec tout le despotisme d'un maître. On ne voit plus alors dans l'État que maîtres et esclaves et pas un seul homme libre. Ici jalousie envieuse, là vanité méprisante, si loin l'une de l'autre de cette bienveillance réciproque et de cette fraternité sociale qui est la suite de la bienveillance. Eh! qui voudrait d'un ennemi à ses côtés, même pour un instant de route? Ce qu'il faut surtout à la cité, ce sont des êtres égaux et semblables, qualités qui se trouvent avant tout dans les situations moyennes, et l'État est nécessairement mieux gouverné quand il se compose de ces éléments, qui en forment, selon nous, la base naturelle. » (ARISTOTE.)

77. Le servage. — Le *servage*, quoique distinct de l'esclavage par son origine historique, est un fait de même nature. Les raisons qui militent contre l'esclavage militent aussi contre le servage. On a parfois rangé sous la rubrique *servage* toutes les coutumes ou tous les actes qui tendent à poser des limites au développement naturel de nos facultés et à créer par là des infériorités et des inégalités artificielles : c'est ainsi qu'on a pu considérer les hommes liés par des contrats de louage comme de véritables serfs.

« L'esclavage, comme le servage, sont des restes de l'état de guerre à mort et d'anthropophagie qui a été la loi des sociétés primitives et qui reste encore, sous des formes mitigées, la loi de nos sociétés actuelles. Il faut avouer que l'anthropophagie a été plutôt transformée qu'abolie parmi l'espèce humaine. L'homme déchu, dépravé, mange d'abord la chair sanglante de l'homme, et le meurtre est la loi des nations; ensuite le vainqueur ravit la terre ou l'or ou les troupeaux et s'approprie la vie et tout l'être du vaincu, qu'il garde, qu'il *réserve* pour en user, en jouir et l'appliquer à son gré : c'est l'*esclavage*. Plus tard, l'esclave devient libre de sa personne et devient propriété d'autrui quant à son travail; il est l'appendice d'un domaine; c'est le *servage*. Enfin le serf s'affranchit, puis commence à s'élever par une appropriation personnelle de la terre et par la liberté de l'industrie; mais il reste pour la plupart salarié, journalier, prolétaire, c'est-à-dire que, n'ayant ni capital ni instrument, ni champ qui lui appartienne en quantité suffisante, il est obligé de subir les conditions du crédit ou du travail qui lui sont offertes, quelles qu'elles soient, et sans même que la subsistance lui soit garantie par les détenteurs actuels de tous les moyens de vivre en société. » (RENOUVIER.)

Telles sont les différentes phases qui ont mené de l'esclavage et du servage, deux états connexes, sinon dérivés l'un de l'autre, au prolétariat ou état de l'homme salarié et qui n'a pour vivre d'autres ressources que son salaire.

78. Liberté des enfants mineurs. — On a une tendance, en morale, à réunir les *enfants mineurs* et les salariés. Le salarié a été, en effet, considéré comme un homme qui n'aurait pas son droit, qui n'aurait pas atteint sa majorité, comme un véritable mineur. Nulle assimilation n'est plus inexacte. Quelles que soient les conventions sociales, quelque dures qu'elles puissent être pour l'un ou l'autre contractant, elles ne sauraient faire d'un homme un enfant. L'homme peut et doit se défendre, lorsqu'il se croit lésé; l'enfant ne le peut ni ne le doit; il souffre en silence, dans le cas où il est victime, et l'on ne conçoit pas qu'il puisse faire autrement, à moins que la société, c'est-à-dire les hommes faits, ne prenne sa défense. C'est donc à la société même à sauvegarder les droits du mineur et de l'enfant. L'enfant a des droits, si l'on entend par là que sa personne est respectable et sacrée; mais il ne peut faire valoir lui-même ces droits, et, bien examinés, ces droits de l'enfant en face de la société se résolvent en des devoirs de la société envers l'enfant. Les lois protectrices des enfants et des mineurs deviennent heureusement de plus en plus nombreuses et de plus en plus circonstanciées; il suffit de citer les lois qui règlent l'âge auquel l'enfant peut être employé comme travailleur, celles qui fixent les heures de travail, les conditions de l'apprentissage, la proportion des heures de travail productif aux heures d'école, c'est-à-dire de travail fait dans l'intérêt seul de l'enfant.

79. Liberté des salariés. — Sans examiner ici la question de ce contrat particulier de louage où l'homme tout entier, avec ses facultés morales comme avec ses forces physiques, est intéressé, et qui s'appelle, suivant les cas, engagement militaire, engagement à servir l'État dans telles fonctions et sous telles conditions déterminées, salariat, examinons le cas des *salariés* proprement dits.

Au fond, tout homme qui accepte d'être payé pour remplir une fonction exigeant de lui des sacrifices, soit à l'intérêt social, soit aux convenances sociales, mérite le nom de salarié; tous les fonctionnaires, par exemple, sont des salariés de la nation : ils abandonnent une partie de leur liberté d'action, ils conviennent de s'abstenir de certains actes moralement indifférents et qui pourraient leur faire plaisir, d'accomplir exactement certains autres actes, soit utiles à la communauté, soit tout simplement conformes aux règles de convenance; en échange de ces sacrifices et de ce travail, ils reçoivent une portion de la richesse publique qui constitue leur traitement; il n'y a là nulle trace d'esclavage ou de servage, mais un simple contrat synallagmatique, c'est-à-dire où chaque partie s'engage librement à procurer à l'autre partie certains avantages, à charge de compensation.

La pleine indépendance est une chimère dans l'état social : un être tout à fait indépendant serait le plus misérable des êtres. S'il ne peut être question de l'esclavage des salariés, quand celui qui donne le salaire est le représentant de la nation tout entière, il n'en est pas tout à fait de même lorsque celui qui donne le salaire est un simple particulier, lequel ne jouit de ce privilège que grâce à sa richesse, à sa situation sociale, soit acquise par lui-même, soit héritée de ses ancêtres : c'est la question des rapports du travail et du capital, du patron et de l'ouvrier. Nous n'examinerons pas ici cette question, traitée dans l'économie politique.

Qu'il nous suffise de dire que les conditions sociales tendent à l'égalité; cette égalité sociale étant le but avoué de toute politique vraiment démocratique, l'antagonisme du capital et du travail, de celui qui donne le salaire et de celui qui le reçoit, du patron et de l'ouvrier, ira s'atténuant de plus en plus et finira par se résoudre en une véritable harmonie mutuelle des divers intérêts mis en présence. L'association contribuera plus que toute autre chose à cet important résultat, en confondant dans les mêmes personnes et en mettant dans les mêmes mains le capital et le travail. Chaque associé participera à la mise de fonds d'une entreprise déterminée, contribuera à la réussite de cette entreprise par son travail et recueillera une part des bénéfices.

En tous cas et de quelque façon que se comporte le salaire, qu'il soit distribué par des capitalistes oisifs, par des capitalistes-entrepreneurs, ou qu'il soit réparti par des syndicats entre les différentes catégories de travailleurs, il ne saurait être, sans un abus de mots et sans un oubli des nuances, considéré comme un esclavage ou un servage. C'est un fait social dont il s'agit de tirer parti pour le plus grand avantage du plus grand nombre.

RESPECT DE LA PERSONNE DANS SON HONNEUR ET SA RÉPUTATION

80. — L'homme ne tient pas seulement à la vie, mais à tout ce qui peut donner du prix à cette vie même; or rien ne donne autant de prix à la vie que d'être estimé et autant que possible aimé de ses semblables; le véritable amour ne va d'ailleurs jamais sans estime; de là le devoir, non seulement de respecter la vie, mais encore de respecter l'honneur des autres. Il y a deux façons de respecter cet honneur et cette réputation des autres : ne pas dire du mal d'eux, même quand il y aurait vraiment du mal à en dire; ne pas dire du mal d'eux, quand on n'aurait que du bien à en dire; ne pas en médire, mais surtout ne pas les calomnier.

81. La médisance. — La *médisance* est généralement un grave défaut; il est rare que sur cette pente on ne descende pas jusqu'à un peu de calomnie. Pour éviter de calomnier autrui, il est prudent de n'en médire que le moins possible; néanmoins il est des cas où ce serait manquer à son devoir que de ne pas dire la vérité, lors même que cette vérité serait défavorable à autrui. On doit à la société de dévoiler hardiment certains crimes ou certaines fautes; c'est là le plus souvent un devoir pénible et dangereux à remplir; l'indulgence, même en parole, pour les coquins est un outrage fait aux honnêtes gens; il ne faut donc pas trop médire de la médisance; elle est très souvent courageuse, quand elle s'attaque à des hommes puissants et injustes, et elle ne peut être alors nuisible à la société, puisqu'elle ne nuit qu'aux méchants privilégiés, qui en sont les pires ennemis.

82. La calomnie. — D'après ce qui précède, si la morale défend la médisance, c'est parce que cette prétendue médisance est le plus souvent une *calomnie* déguisée. La calomnie est odieuse; c'est d'abord une atteinte à la vérité, qui est toujours respectable indépendamment de toute considération d'utilité; c'est ensuite un préjudice porté à autrui, puisque la calomnie a toujours pour but de faire du mal à celui qui en est l'objet. Il n'y a pas de calomnie gratuite; on calomnie rarement pour le seul plaisir de calomnier. La calomnie est le plus souvent une arme envenimée entre la main des lâches qui n'osent pas combattre à visage découvert ou même lutter à armes courtoises; c'est une des formes les plus dangereuses et les plus haïssables de l'hypocrisie; elle est d'autant plus à flétrir qu'elle manque rarement son effet. « Calomniez, a-t-on dit, il en restera toujours quelque chose. »

RESPECT DE LA PERSONNE DANS SES OPINIONS ET SES CROYANCES. L'INTOLÉRANCE

83. — Quand on croit posséder la vérité, on s'efforce de la faire partager aux autres; tout homme profondément convaincu cherche à faire des prosélytes; ne pas prêcher la vérité ou ce qu'on croit tel, c'est en faire peu d'estime. A l'égoïste seul il convient de dire que, s'il avait la main pleine de vérités, il s'empresserait de ne pas l'ouvrir. Celui qui aime le vrai et qui ne méprise pas les autres hommes est forcément l'apôtre du vrai. Comment concilier cet amour de la vérité et cette ardeur de la faire partager aux autres, qui sont les conditions de toute conviction sincère, avec le respect des opinions et des croyances d'autrui, lorsque celles-ci diffèrent des nôtres? Par cette belle vertu qu'on appelle la *tolérance* et qui est également éloignée de l'indifférence et du fanatisme.

Il faut avoir beaucoup d'esprit et beaucoup de modestie intellectuelle pour être véritablement tolérant. « Qu'est-ce que la tolérance? C'est l'apanage de l'humanité. Nous sommes tous pétris de faiblesse et d'erreurs; pardonnons-nous réciproquement nos sottises; c'est la première loi de la nature. » (VOLTAIRE.) En réalité, ce n'est jamais par zèle pour la vérité que nous nous emportons contre les autres ou que nous les persécutons; l'intolérance est une marque, soit de faiblesse, soit de passions intéressées; nous ne nous irritons contre l'opinion ou la foi d'autrui que lorsque nous n'avons ni l'intelligence ni le talent nécessaires pour lui faire partager la nôtre; nous persécutons notre prochain sous prétexte de croyance, parce que nous avons intérêt à le persécuter; c'est l'homme que

4.

nous visons à travers la doctrine; l'intolérance se double le
plus souvent de cupidités inavouées. Nous soufflons la discorde, parce qu'elle nous profite.

« Cette horrible discorde qui dure depuis tant de siècles est
une leçon bien frappante que nous devons mutuellement
nous pardonner nos erreurs. La discorde est le grand mal du
genre humain et la tolérance en est le seul remède. Il n'y a
personne qui ne convienne de cette vérité, soit qu'il médite
de sang-froid dans son cabinet, soit qu'il examine paisible-
ment la vérité avec ses amis. Pourquoi donc les mêmes
hommes qui admettent en particulier l'indulgence, la bien-
séance, la justice, s'élèvent-ils en public avec tant de fureur
contre ces vertus, pourquoi? c'est que leur intérêt est leur
dieu, c'est qu'ils sacrifient tout à ce monstre qu'ils adorent. »
(VOLTAIRE.)

Ne pas pouvoir rencontrer le faux sans le combattre de
toutes ses forces ni trouver le vrai sans essayer de le faire
partager aux autres, lutter par la parole, par le livre, par
l'enseignement pour ce qu'on croit être la vérité, ce n'est pas
un défaut, c'est une vertu. L'amour passionné de la vérité
ne saurait être qualifié d'intolérance.

RESPECT DE LA PERSONNE DANS SES MOINDRES INTÉRÊTS, DANS TOUS SES SENTIMENTS

84. — L'homme est une chose tellement sacrée pour
l'homme qu'il est respectable dans tous ses sentiments, dans
ses habitudes, dans ses moindres intérêts, dans ses plus
mesquines exigences, dans ses manies mêmes. Il suffit qu'il
ne viole pas manifestement la loi morale et qu'il ne se mette
pas dans le cas d'attirer sur lui

> « ces haines vigoureuses
> « Que doit donner le vice aux âmes vertueuses. »
> (MOLIÈRE.)

En effet, il est bien difficile de fixer la limite où s'arrête la
personnalité humaine; elle s'étend à tout ce que l'homme
possède, à tout ce qui le touche. La propriété, la famille, la
patrie, les croyances philosophiques ou religieuses sont des
extensions de la personnalité humaine. Nous vivons, non seulement en nous-mêmes, mais dans notre famille, dans nos

parents, nos fils, nos frères, dans nos amis, nos connaissances; nous mettons un peu et quelquefois beaucoup de nous-mêmes dans le champ, dans la maison, dans les menus objets que nous possédons. Un peu de notre âme est mêlée au sol, au paysage, aux moindres détails des lieux que nous habitons, aux objets que nous sommes accoutumés à voir et que nous nous sommes fait une douce habitude d'aimer; il n'est rien où la personnalité humaine ne puisse s'étendre et qu'elle ne rende par là même sacré. Il sera donc bon de ne pas fixer arbitrairement les bornes de la dignité et de la personnalité humaines; l'homme est respectable dans ces intérêts supérieurs qu'on appelle la religion, la croyance philosophique, la famille, la patrie, la propriété; mais il n'est pas moins respectable, quoique à un titre différent, dans toutes ses actions, dans tous ses intérêts, tous ses sentiments, même ceux dont l'objet peut paraître le plus futile aux yeux d'autrui : on ne saurait exagérer le respect de la personnalité humaine.

Une des formes les plus ordinaires du manque de respect de la personne humaine, dans les petites choses, consiste à se mêler indiscrètement des affaires d'autrui : si j'accomplis rigoureusement mon devoir, si je suis fidèle à tous mes engagements, si je ne viole aucune des prescriptions de la loi, si je fais même le plus de bien possible en dehors de mes obligations légales, de quel droit viendrait-on se mettre à ma place, me fixer telle ou telle règle de conduite? Est-ce sous prétexte qu'on connaît mieux mon intérêt que moi-même? Mais n'y a-t-il pas quelque impertinence de la part d'autrui à vouloir me rendre heureux malgré moi?

85. Menues injustices de toutes sortes. — Parmi les sentiments que nous devons avant tout respecter en autrui, nous avons cité les croyances religieuses, les convictions philosophiques, le sentiment de la famille, de la patrie, de la propriété. Heurter inutilement et dans la moindre chose un de ces sentiments chez nos semblables, c'est lui faire une de ces menues injustices que bien des gens ne considèrent pas comme un mal. Mais il n'y a pas de menues injustices : l'objet de l'injustice peut être petit, ou du moins nous pouvons le juger tel; l'injustice en elle-même est chose toujours grave; nous la ressentons toujours vivement. Qu'on attaque devant nous et sans raisons sérieuses notre croyance religieuse, nos opinions politiques, nous ayons le droit d'être offensés. Nous devons d'ailleurs distinguer l'attaque loyale qu'inspire l'amour de la vérité de ces mesquines chicanes qui n'ont pour but que de nous froisser sans pouvoir influer sur notre croyance. Nous ne saurions pousser trop loin le respect d'autrui en ces matières. Que sous le couvert de l'impartialité on dise devant nous du mal de notre patrie, nous nous sentirons blessés et à juste titre; car la patrie, c'est le meilleur de nous-mêmes, c'est le résumé de toutes nos joies et de toutes nos souffrances dans le passé, de toutes nos espérances dans l'avenir; nous vivons en elle, et lui porter atteinte, c'est nous frapper personnellement à l'endroit le plus intime. Qu'on dise du mal de nos parents, de nos amis, c'est ce que nous ne pouvons souffrir sans une révolte intérieure; il semble alors que nous nous sentons amoindris nous-mêmes; nous pouvons par un effort de philosophie dédaigner le mal qu'on dit de nous; nous ne pouvons laisser attaquer ceux que nous aimons. Nous devons donc détester l'envie et la délation, surtout quand elles s'adressent à notre prochain; nous avons alors le devoir de le défendre.

86. L'envie. — *L'envie* se distingue de l'émulation, c'est-à-dire du désir naturel à l'homme de lutter avec ses semblables à qui sera le plus fort, le plus intelligent, le plus moral, le meilleur. L'émulation est toujours noble, et c'est aussi l'épithète qu'on lui donne : une noble émulation, une basse envie, dit-on pour mieux marquer le contraste de ces deux sentiments. L'envie en effet est toujours basse et honteuse; ce n'est plus le désir d'être supérieur aux autres et d'user de cette supériorité pour leur être utile et pour supprimer autant que possible cette inégalité même; c'est la souffrance que nous cause le bonheur d'autrui; être envieux, ce n'est pas seulement rechercher la supériorité pour soi, c'est s'affliger de toute supériorité chez nos semblables. L'émulation est une passion active, l'envie est une passion déprimante; elle tend à supprimer en nous tout effort et nous pousse à entraver les efforts que peuvent faire les autres. C'est une tendance au néant, quelque chose d'infécond et de stérile qui ressemble à la mort et qui supprimerait toute vie en ce monde. Le nihilisme, le pessimisme pratique sont une des formes de l'envie. Ajoutons qu'il n'y a généralement que les impuissants qui soient envieux; c'est parce qu'on ne peut réussir soi-même qu'on s'afflige de la réussite d'autrui; c'est parce qu'on se sent incapable de tout progrès qu'on nie le progrès dans l'humanité et qu'on l'entrave par cette négation même.

87. La délation. — La *délation* a de grands rapports avec la calomnie et la médisance; ce n'est autre chose que la calomnie ou la médisance déguisée. On peut en effet se livrer à la délation, soit en disant la vérité, soit en mentant. Dans tous les cas, la délation est un vice honteux; elle marque chez le délateur peu de courage, puisqu'il n'ose dire ouvertement la vérité, s'il médit, ou qu'il n'a pas, s'il calomnie, l'audace de son mensonge. Il est vrai que, dans ce dernier cas, le délateur est peut-être moins cyniquement criminel que le calomniateur proprement dit; il a au moins la pudeur de son crime, et ce n'est pas une chose indifférente de commettre le mal en se cachant ou de l'afficher.

La délation a pu être encouragée dans quelques sociétés telles que certaines républiques antiques ou modernes, comme Sparte, Venise; mais, lorsqu'une société n'a pour but que le bonheur des associés qui en font partie et n'obéit pas à un intérêt étranger à l'association même, la délation, dans son sein, est presque toujours considérée comme une honte.

Il ne faut pas confondre la délation qui s'exerce dans le sein de la société même dont on est membre avec l'*espionnage*, qui ne s'exerce qu'entre des sociétés en guerre les unes avec les autres; la question de l'espionnage est une des plus délicates que soulève la morale appliquée aux relations des nations entre elles. L'espion est, suivant les points de vue, considéré tantôt comme un héros, tantôt comme un misérable. Il est bien difficile de refuser une certaine admiration à un homme qui sacrifie sa vie pour révéler à son pays un secret dont son salut dépend; d'autre part, les moyens détournés et bas auxquels un espion doit se plier répugnent singulièrement à notre délicatesse morale.

RESPECT DE LA PERSONNE DANS SES BIENS

88. Le droit de propriété. — On considère généralement la *propriété* comme une extension de la volonté et de la personnalité humaines. « S'il est certain que l'idée de propriété ne peut naître que dans un être doué de volonté, il est tout aussi certain qu'elle y naît nécessairement et inévitablement dans toute sa plénitude; car, dès que cet individu connaît nettement son moi ou sa personne morale et sa capacité de jouir ou de souffrir et d'agir, nécessairement il voit nettement aussi que ce moi est propriétaire exclusif du corps qu'il anime, des organes qu'il meut, de toutes leurs facultés, de toutes leurs forces, de tous les effets qu'ils produisent. Il fallait bien qu'il y eût ainsi une propriété naturelle et nécessaire, puisqu'il en existe d'artificielles et conventionnelles; car il ne peut jamais y avoir rien dans l'art qui n'ait son principe dans la nature. » (DESTUTT TRACY.)

Ajoutez à ce fait primitif de la personnalité humaine la première occupation ou le partage fait par la société, vous aurez les principaux fondements du droit de propriété, sinon toutes les origines historiques de la propriété elle-même.

89. — La propriété a été déclarée inviolable et sacrée par la *Déclaration des droits de l'homme*, reproduite dans le préambule de presque toutes les constitutions qui ont régi la France depuis 1789; mais, tout en reconnaissant que la propriété est antérieure et supérieure à toute loi positive, il faut admettre aussi que, dans son exercice, elle est soumise à toutes les restrictions que la législation, interprète des intérêts et des volontés de la nation, peut lui apporter. L'utilité sociale concourt avec le respect de la personnalité humaine à fixer les lois qui régissent la propriété.

Il ne s'agit pas encore de discuter s'il est bon ou mauvais qu'il existe telle ou telle espèce de propriété. Nous verrons, en économie politique, les avantages et les inconvénients de ses principales formes. Il suffit d'indiquer ici qu'il est aussi inutile « d'instruire le procès » de la propriété qu'il est raisonnable d'examiner les divers régimes auxquels les diverses propriétés, mobilière, immobilière, industrielle, littéraire et artistique, peuvent être légalement soumises.

90. — A l'amour naturel de la propriété et aux excès où peut s'emporter cet amour s'oppose le *désintéressement*. Le désintéressement peut n'être pas une pure charité, mais devenir, grâce aux progrès de la législation, un strict devoir de justice. « Dans les États où plusieurs citoyens manquent du nécessaire absolu, et ces États sont, par malheur, le plus grand nombre, tous ceux qui ont plus que ce nécessaire doivent à l'État au moins une partie de ce qu'ils possèdent au delà. Or quelle est cette partie qu'ils doivent et qu'ils ne peuvent retenir sans être coupables envers la société dont ils sont membres ? La réponse à cette première question renfer mera l'obligation étroite que la morale nous impose; mais, quand on a satisfait à cette obligation et qu'on voit encore une partie de ses semblables manquer du nécessaire par l'in justice et la barbarie du plus grand nombre des citoyens, n'est-il pas du devoir de l'homme vertueux de pousser le sa crifice plus loin, de se priver même tout à fait de son néces saire relatif, et l'étendue plus ou moins grande de ce sacri fice n'est-elle pas la véritable mesure de la vertu ? Voilà les questions importantes qu'on doit traiter dans les éléments de la morale de l'homme. Cette science, considérée sous ce point de vue, devient une espèce de tarif, mais un tarif qui doit effrayer toute âme honnête. Il fera voir à l'homme de bien que, s'il lui est permis de désirer les richesses dans la vue d'en faire usage pour diminuer le nombre des malheureux, la crainte des injustices auxquelles l'opulence expose doit le consoler, quand il est réduit au pur nécessaire. » (D'ALEMBERT.)

Comme on le voit, le droit de propriété ne saurait être un droit absolu; la personnalité humaine ne peut s'étendre indé finiment sans tenir compte des relations sociales qui sont les conditions mêmes de son développement.

91. — Le droit de l'individu suppose le droit de la société, sans laquelle l'individu ne pourrait faire valoir aucun droit ; en d'autres termes, mes droits de propriétaire sont subor donnés à mes devoirs de citoyen. C'est ainsi que je ne puis, sous prétexte que ma propriété est inviolable, me refuser à une expropriation pour cause d'utilité publique; c'est ainsi que je ne puis me dérober à l'impôt, que je ne puis faire de ma propriété un bien de mainmorte; c'est ainsi enfin que je ne puis disposer de mes biens et les transmettre à d'autres après ma mort que sous certaines conditions fixées par la loi. Toutes ces restrictions au droit illimité de propriété tel qu'il résulterait d'une application trop rigoureuse du prin cipe de la personnalité humaine sont fort justes. La personne humaine en effet est avant tout une personne sociale, elle est membre d'un organisme, elle doit subordonner ses fins à la fin de cet organisme, et c'est là même le triomphe de la personnalité humaine. Le désintéressement et non l'égoisme est l'épanouissement suprême de l'homme.

92. Caractère sacré des promesses et des contrats. — Avant même la propriété proprement dite, nous avons une propriété naturelle, qui est celle de nos facultés et spécialement de notre intelligence, de notre volonté. Sans doute, pour que l'homme se sente véritablement maître de lui, il doit s'appuyer sur une propriété; il se sent d'autant plus fort qu'il est mieux fixé au sol et qu'il s'attache plus étroitement à la terre; mais, à supposer même qu'il ne possède rien en dehors de lui, il a du moins la possession de son intelligence et de sa volonté; c'est là son suprême recours et sa dernière espérance. Il se sent respectable par lui-même indépendamment des biens extérieurs; il respecte son semblable, non pas parce qu'il possède quelque chose, mais parce qu'il se possède lui-même; en d'autres termes, il met l'homme au-dessus de la propriété et la conscience au-dessus de la puissance. Ce respect de la conscience humaine lui apparaît donc comme le premier des devoirs; il ne se montre nulle part mieux que dans les promesses et les contrats. Dès que l'homme prend possession de lui-même, il sent qu'il peut s'engager, qu'il peut jusqu'à un certain point répondre de l'avenir, qu'il peut faire des promesses et signer des contrats. La grande règle des promesses et des contrats est donc de ne rien promettre qu'on ne puisse tenir, de ne faire aucun contrat qu'on ne puisse exécuter. Avoir un juste sentiment de ses forces et des circonstances extérieures où l'on est placé, telle est la première condition pour pouvoir promettre ou contracter sans s'exposer à violer la loi morale. Un homme qui se sentirait tout à fait incapable devrait se garder de rien promettre et de signer aucun contrat; par contre, un homme qui a le sentiment de ses forces, de son intelligence et de sa moralité peut souvent promettre même au delà de ses forces actuelles, persuadé qu'il puisera dans le crédit qu'on lui accorde des forces nouvelles dont il peut même n'avoir aucune idée.

93. — Jusqu'à quel point l'homme peut-il engager l'avenir? Suivant le degré d'intelligence et de moralité auquel il est arrivé, il peut s'aventurer plus ou moins loin dans la voie des promesses et des contrats. A mesure qu'il étend le cercle de ses connaissances, de ses relations sociales, à mesure qu'il devient plus éclairé et plus moral, il prend davantage possession de l'avenir. Le crédit d'un homme n'a de limite que la puissance même de ses facultés; le crédit d'une nation n'a de limite que sa vitalité reconnue par les autres nations. A mesure qu'on devient plus fort, on peut non seulement faire, mais promettre davantage, et il arrive qu'à mesure qu'on promet plus, on accomplit plus aussi.

Le code civil règle le détail des promesses et des contrats. Dans le cas où l'on a promis plus qu'on ne peut exécuter, on est soumis à certaines pénalités; c'est le juste châtiment, soit de l'incapacité, soit de la fourberie; dans les deux hypothèses le résultat pratique est le même. Il est en effet bien difficile de distinguer l'incurie de l'immoralité; dans la plupart des cas être imbécile, c'est être coupable.

Il est périlleux de laisser croire aux hommes qu'ils peuvent sans un extrême danger manquer à leur parole ou faillir à leurs contrats. C'est seulement dans certaines professions, par exemple dans le commerce, soumis à de grands aléas, que la loi se permet de distinguer celui qui manque de propos délibéré à ses engagements et celui qui n'y manque que par incapacité ou par négligence.

94. — A propos des promesses et des contrats on s'est posé la question de savoir si un homme peut valablement disposer de sa propre liberté, de son corps, de sa personne. Peut-on se constituer l'esclave d'autrui, peut-on même renoncer par un contrat formel à l'exercice de ses facultés les plus naturelles? Les contrats de louage à terme lointain ou même à perpétuité sont-ils valables? La morale sociale et les diverses constitutions politiques qui ont régi la France s'accordent à déclarer que toute promesse et tout contrat qui tendent à engager l'homme pour la vie sont frappés par là même de stérilité. Il n'est fait d'exceptions que pour les promesses qualifiées *paroles d'honneur;* dans ce cas un homme peut jusqu'à un certain point disposer de lui-même sans restriction; par exemple, en temps de guerre, on peut déférer le serment à un prisonnier mis en liberté; il s'engage pour toute sa vie à ne pas servir contre le pays qui l'a délivré sous condition; c'est là une espèce de vœu perpétuel. Si pénible qu'il soit à accomplir, il est difficile de penser qu'il ne soit pas valable. Dans un autre ordre d'idées, les promesses de mariage et de fidélité pour la vie ont également une valeur indéniable, quoiqu'elles engagent l'homme jusqu'à la limite extrême où la liberté devient esclavage, la faculté légale du divorce ne supprimant pas le droit de s'engager moralement à ne pas user

de cette faculté. C'est qu'en effet ces promesses et ces contrats sont alors censés passés avec pleine conscience et avec une exacte connaissance de toutes les conséquences qu'ils entraînent.

Les promesses et les contrats sont les plus éclatantes manifestations de la liberté humaine ou du moins de l'idée de la liberté, qui est une des forces auxquelles appartient l'empire du monde. Promesses et contrats sont le centre de toute morale sociale.

DEVOIRS DE CHARITÉ

95. — Nous avons vu que les *devoirs de charité*, qu'on appelle encore *devoirs de fraternité*, sont aussi obligatoires que les devoirs de justice. La seule distinction à faire entre eux est que les devoirs de charité ne sont pas exigibles, tandis que les devoirs de justice le sont. Nous avons rattaché à des distinctions purement légales et tirées de la nature même du code cette division des devoirs en devoirs de justice et devoirs de charité. On a quelquefois représenté les devoirs de justice et de charité par deux cercles concentriques qui dans leur ensemble comprendraient toute l'étendue du devoir. Au plus petit cercle correspondraient les devoirs de justice; au plus grand, les devoirs de charité. Il faut ajouter que le petit cercle tend de plus en plus à se confondre avec le grand et que la morale sociale tend à effacer toute ligne de démarcation entre ce qui est rigoureusement dû et ce qui ne l'est que mollement, entre le devoir strict et le devoir large, entre la justice et la charité.

OBLIGATION DE DÉFENDRE LES PERSONNES MENACÉES DANS LEUR VIE, LEUR LIBERTÉ, LEUR HONNEUR, LEURS BIENS

96. — Il ne suffit pas, pour faire son devoir, de ne pas attenter à la vie d'autrui : on serait honnête homme à trop bon marché, s'il suffisait, pour mériter ce titre, de ne pas être un assassin avéré; on a encore le devoir beaucoup plus périlleux de s'opposer aux assassins et de sauver la vie de son semblable au risque de sa propre vie. C'est là un acte d'héroïsme et de désintéressement qui n'est heureusement pas rare dans les annales de l'humanité. Sans aller jusqu'à se sacrifier pour son semblable, à tout moment on a des occasions de le défendre. Si nous voyons un homme menacé dans sa vie, notre premier mouvement peut être, suivant notre tempérament, soit d'imiter Don Quichotte et de courir à la défense de l'opprimé, soit de faire comme Sancho Pança et de tourner les talons au danger; dans les deux cas, la conscience nous crie : Va au secours de cet homme ; seulement, dans le premier cas, nous obéissons à la voix que nous entendons et dans le second nous faisons la sourde oreille.

Si nous voyons un homme menacé dans sa liberté sans que pourtant sa vie soit en jeu, si, [par exemple, il est victime devant nous d'une séquestration ou d'une arrestation arbitraire, nous devons le secourir ou faire nos efforts pour le délivrer. Deux cas se présentent : ou cet homme est arrêté en violation de la loi et des formes déterminées par la loi : nous pouvons alors, nous devons même venir immédiatement à son secours, en employant la force, s'il est nécessaire; ou cette séquestration, cette arrestation se fait en vertu de la loi et suivant les formes déterminées par la loi; dans ce cas, nous n'avons pas le droit de recourir à la force, même si nous considérons cette arrestation comme injuste; nous devons momentanément nous soumettre et n'attendre que de la loi, c'est-à-dire d'un nouveau jugement, un recours contre la loi; mais nous avons le devoir d'épuiser tous les moyens légaux pour contribuer à la réparation de ce que nous croyons être une injustice. Ce serait une faiblesse de notre part de laisser emprisonner un autre homme, même légalement, sous prétexte que nous ne sommes pas plus forts que la loi et que, quand elle a parlé, nous devons nous taire. Les juges en effet peuvent casser leurs arrêts dans certaines conditions déterminées. Quand bien même on ne pourrait rendre la liberté à un homme victime d'une erreur judiciaire, on peut du moins lui rendre l'honneur. L'exemple illustre de Voltaire défendant les Calas, les Sirven, et celui de cette courageuse femme qui se dévoua à Latude suffisent à prouver qu'on ne doit laisser en aucun cas attenter injustement à la liberté de son semblable sans venir résolument à son aide; défendre la cause d'une seule victime de séquestration ou d'arrestation arbitraire, c'est défendre la cause même de l'humanité.

97. — Si la liberté nous est chère, l'honneur ne nous l'est pas' moins. Dans les cas que nous venons de citer, s'il' est parfois impossible de faire rendre la liberté à l'innocent, il n'est jamais impossible de lui faire rendre l'honneur. L'exemple de Lally-Tollendal faisant réhabiliter la mémoire de son père nous montre que l'honneur a son prix indépendamment de la vie.

La propriété, avons-nous dit, est la marque la plus forte de la personnalité humaine : on se sent d'autant plus maître de soi qu'on est maître de quelque chose; la propriété est donc aussi sacrée que la personne. La plus grande injustice qu'on puisse faire à un homme, c'est, après le vol de sa vie ou de son honneur, le vol de son bien. Notre bien es le plus souvent le résultat de notre travail ou du travail de nos pères. Si quelqu'un nous en frustre, il profite abusivement de la peine que nous ou nos ancêtres nous sommes donnée; il jouit de notre travail sans que nous lui en ayons donné le droit par un don formel. En fait, notre propriété, quelle qu'en soit l'origine, nous est souvent plus chère que la vie. Nous mourons volontiers pour défendre notre bien; il est donc naturel que nous défendions les autres, quand ils sont attaqués dans un bien qui nous est si cher. Un sentiment invincible de solidarité nous porte à défendre la propriété d'autrui comme si c'était là notre propre. Le vol, même quand nous n'en sommes pas personnellement victimes, nous trouve tout prêts à le punir.

LA BIENFAISANCE PROPREMENT DITE

98. — Le beau nom de *bienfaisance* indique quelque chose de plus que le simple accomplissement du devoir; c'est le devoir accompli avec bonheur. La bienfaisance ne doit pas être confondue avec ce qu'on appelle la *charité*. La langue vulgaire a très bien fixé cette différence. On est charitable pour l'amour de Dieu, on est bienfaisant pour l'amour de l'humanité. La charité, au sens traditionnel du mot, signifie un don en quelque sorte gratuit, par lequel on marque sa supériorité sur celui à qui l'on donne : on est bien aise qu'il y ait des malheureux pour avoir le plaisir délicat de les secourir. La bienfaisance est un sentiment plus noble; elle s'inspire de cette pensée, qu'il ne faudrait pas qu'il y eût de malheureux en ce monde et que le but suprême où l'on doit tendre est de rendre

dans l'avenir toute charité inutile. Travailler à l'égalité future
de tous les hommes, supprimer autant qu'on peut les inégalités sociales, c'est être véritablement bienfaisant. Du reste,
il faut reconnaître que la charité proprement dite, l'aumône
sous sa forme palpable sera longtemps encore une des manifestations les plus naturelles de la bienfaisance. En rêvant à un
idéal d'égalité sociale, on ne se dispense pas pour cela de
faire le plus de bien qu'on peut dans un monde où l'inégalité
domine. Le pressentiment d'une vertu supérieure appropriée
à un état social plus juste que celui dans lequel nous vivons ne
supprime pas les vertus qu'il nous plairait de qualifier de vul-
gaires. Être philosophe ne nous dispense pas d'être tout simplement et tout bonnement honnête homme.

LE DÉVOUEMENT ET LE SACRIFICE

99. — La bienfaisance ordinaire ne suffit pas; il est des cas
où l'homme doit se sacrifier, se dévouer à ses semblables; c'est
là la dernière démarche et le triomphe de la moralité. En
effet, dans le cas du *sacrifice* et du *dévouement*, nous renon-
çons à cet égoïsme radical si fortement ancré au cœur de
l'homme et nous mettons momentanément les autres avant
nous. Dans le cas du sacrifice de la vie, c'est définitivement
que nous préférons les autres à nous-mêmes.

On se sacrifie pour un homme quelconque, pour un de ses
semblables en tant que tel, comme, par exemple, lorsqu'on
accomplit un sauvetage au risque de sa propre vie. On se
sacrifie pour sa famille, pour ses amis. On est heureux alors
de procurer par sa mort même le bonheur de ceux qu'on
aime; on jouit par anticipation de ce bonheur. C'est comme
un raffinement d'égoïsme. On se sacrifie enfin pour sa patrie,
et ce sacrifice est le plus beau de tous, parce qu'il dépasse les
bornes étroites de l'individualité, du sentiment relativement
étroit de la famille et nous fait revivre en une personnalité
plus haute : la patrie.

On a contesté la possibilité du sacrifice. On a dit : Il est
absurde que l'homme préfère la vie des autres à sa propre
vie, le bonheur des autres à son propre bonheur; un tel désintéressement est illogique; il est en contradiction formelle
avec toutes les lois de la nature physique et morale de
l'homme. Il ne peut entrer que dans la tête d'un fou de se

suicider en quelque sorte pour sauver les autres ; car, si ce
désintéressement était universel et réciproque, il aboutirait à
la destruction de toute jouissance et de toute vie, c'est-à-
dire au néant. A cette objection il n'y a qu'une chose à répondre, c'est que le dévouement et le sacrifice existent. Qu'on
explique les actions de cette sorte comme on voudra, il y a
des gens qui risquent leur vie pour celle des autres et qui se
rendent malheureux (faut-il dire malheureux ?) pour contribuer au bonheur d'autrui.

> « Eh bien ! défendez-vous au sage
> « De se donner du mal pour le plaisir d'autrui ? »
>
> (La Fontaine.)

DEVOIRS DE BONTÉ ENVERS LES ANIMAUX

100. — Les animaux ont en commun avec l'homme l'organisation, le plaisir et la douleur, le sentiment, l'intelligence à
un certain degré ; ce sont, comme on l'a dit, nos frères inférieurs. Sans entrer ici dans la discussion de la question de
l'âme des bêtes, on peut dire que l'homme a des devoirs envers les animaux, puisqu'ils sont sensibles comme lui ; il n'a
pas le droit de faire souffrir inutilement des créatures. Que
les bêtes aient ou non une âme, il n'en est pas moins vrai
qu'elles jouissent et qu'elles pâtissent. Or le premier devoir d'un
être intelligent est de restreindre autant qu'il est en lui le domaine de la souffrance en ce monde. Ne pas souffrir et ne pas
faire souffrir, jouir et faire jouir les autres êtres, en obéis-
sant à la condition de ne violer aucun devoir, n'est-ce pas
la grande préoccupation de tout homme raisonnable ? On
ne doit donc pas faire souffrir inutilement les animaux ;
car ce serait contribuer à augmenter la souffrance sur la terre.
C'est bien assez que la souffrance soit une des conditions de
cette vie et que les animaux, y compris l'homme, ne puissent se
développer qu'en se mangeant et se torturant les uns les
autres. La lutte pour l'existence entraîne à sa suite la nécessité pour tout être qui ne veut pas périr de tenir peu de
compte des souffrances qu'il impose aux autres, lorsqu'il s'a-
git de se rendre heureux lui-même ; mais l'homme n'en est
que dans l'obligation plus étroite de ne pas fausser cette loi
de la nature en prodiguant la souffrance en pure perte.

L'homme a-t-il besoin pour vivre de tuer les animaux ? La

pratique même semble répondre ; l'homme ne peut développer toutes ses facultés et produire la plus grande somme
possible d'intelligence et même de moralité qu'en donnant à
ce développement intellectuel et moral une forte base physique ; plus simplement, l'homme ne peut accomplir de grandes
œuvres de civilisation, d'art, de science, sans une alimentation
animale. La boucherie est une nécessité sociale. Les végéta-
riens ne peuvent être qu'une exception infime et ils ne sauraient prétendre à faire de véritables prosélytes. Il n'est donc
pas question de supprimer ni même d'atténuer la tuerie en
grand à laquelle l'homme s'est de tout temps livré sur les
animaux. Il n'y a même pas lieu d'y voir une triste néceesité,
puisque c'est la condition même de notre vie ; mais on peut
et l'on doit réprouver, empêcher toute brutalité, toute cruauté
gratuite envers les animaux ; qu'on les tue pour les manger,
qu'on les soumette à des opérations cruelles pour augmenter leurs qualités nutritives, rien de plus juste ; mais qu'on
ne les torture pas pour le simple plaisir de les torturer.
 La vivisection rentre-t-elle dans ce dernier cas ? Poser la
question, c'est la résoudre. Qui oserait dire que le savant à
la recherche d'une loi physiologique qui, une fois découverte, peut épargner d'innombrables souffrances au genre
humain, ne torture les animaux que pour avoir le plaisir
de les torturer ? A supposer même que les vivisections pra-
tiquées sur les animaux ne servissent qu'à découvrir une
vérité de plus sans augmentation appréciable du bonheur des
hommes, n'est-ce donc rien que la découverte d'une vérité ?
Il est certain que l'homme arrivé à la pleine conscience de
lui-même se sacrifice volontiers pour le plaisir de découvrir
quelque chose. Faisant fi de sa propre vie dans ce cas, comment ne ferait-il pas fi de la vie des animaux ? Il ne peut pas
faire un pas sans écraser des milliers d'êtres vivants ; s'il ré-
fléchit que le branle même de la nature anéantit à chaque
instant des millions de créatures sans but appréciable, comment ne puiserait-il pas dans cette considération le courage
d'imposer à quelques animaux des souffrances dont il n'est
prouvé en aucun cas qu'elles doivent à tout jamais rester
inutiles pour le bonheur de l'humanité ? Il n'y a que les fana-
tiques d'un dogme métaphysique douteux, la transmigra-
tion des âmes, ou que des esprits peu réfléchis et ignorant
cette grande loi de la nature, la loi de la lutte pour l'exis-

tence, qui puissent mettre sérieusement en doute le droit
que nous avons d'user des animaux dans un but d'utilité
humaine.

DEVOIRS DE FAMILLE

101. — La *famille* est une institution naturelle; qu'elle
repose sur la monogamie ou sur la polygamie, elle n'en existe
pas moins. La promiscuité ne peut être qu'une exception. Il
est vrai de dire cependant qu'il n'y a de véritable famille que
dans la monogamie, c'est-à-dire dans le mariage d'un seul
homme avec une seule femme. C'est dans ce dernier système
que les devoirs de famille sont les plus étroits; c'est de lui seul
que nous nous occuperons ici.

La famille monogame est composée nécessairement des parents, c'est-à-dire d'un père et d'une mère, et le plus souvent
d'enfants. On a beaucoup discuté la question de savoir si la
procréation et l'éducation d'enfants ne constituent pas le but
essentiel et la seule raison d'être du mariage. Le mariage
chrétien et le mariage tel que le conçoivent les moralistes dé-
gagés de toute religion positive ont ceci de commun, que
l'union de l'homme et de la femme y est regardée comme
une association complète de la vie. La morale, d'accord en
ceci avec la législation, déclare hardiment que les enfants
ne sont pas nécessaires à la constitution et au maintien de la
famille : dans les premiers siècles du christianisme en Gaule,
on trouve même plusieurs exemples de *mariage spirituel*. Il
y a donc lieu de parler des devoirs des époux entre eux, abstraction faite de leur qualité de parents.

DEVOIRS DES PARENTS ENTRE EUX

102. — Le code fait aux deux époux un devoir de la fidélité;
au mari un devoir de la protection envers sa femme, à la
femme un devoir de l'obéissance envers son mari. Il pousse
ce devoir d'obéissance jusqu'à obliger la femme à suivre son
mari partout où il ira. Le code admet donc une certaine égalité entre l'homme et la femme mariés; mais il consacre d'autre
part la subordination de la femme. La loi positive est en cela,
et sauf les cas spéciaux, d'accord avec l'observation des faits

et avec la loi morale. La séparation de corps, la séparation de corps et de biens, le divorce sont, suivant les législations, les sanctions légales des violations les plus éclatantes des devoirs des époux entre eux.

DEVOIRS DES PARENTS ENVERS LEURS ENFANTS

103. — On a dit que la famille n'est véritablement complète que lorsque l'enfant intervient. La présence de l'enfant crée, en tous cas, des devoirs nouveaux pour les époux. Ce sont d'abord les devoirs des époux entre eux qui se précisent et se complètent, rien de la vie intime des époux n'étant indifférent au sort de l'enfant. Ce sont ensuite les devoirs des parents envers leurs enfants. Il semblerait que la nature a suffisamment gravé ces devoirs au cœur des pères et des mères. Les exemples pourtant ne sont pas rares ou de parents totalement dénaturés ou de parents qui, avec le cœur le plus tendre, manquent envers leurs enfants à leurs devoirs les plus élémentaires.

La tendresse n'est pas un devoir proprement dit, car elle ne se commande pas ; mais cette tendresse, quand elle existe, doit être éclairée ; quand elle n'existe pas, l'intelligence doit y suppléer. Dans les deux cas les parents doivent s'instruire de leurs devoirs. Dans des sociétés extrêmement rudimentaires, ces devoirs peuvent être simplement dictés par la nature ; dans les sociétés aussi complexes que les sociétés modernes, une véritable instruction est nécessaire. Les parents doivent être en état de juger de ce qui peut être nuisible ou utile à leurs enfants : santé, fortune, instruction, moralité ; ils doivent connaître ce qui contribue à créer ou à conserver ces biens, sans lesquels il n'y a pas de bonheur. Le détail de ces devoirs serait infini ; ils ne peuvent être réduits en formules, puisqu'ils consistent précisément à s'enquérir des mille conditions matérielles, intellectuelles, morales, qui font qu'un homme est, à tel moment donné, plus ou moins heureux ou malheureux. Cette *science de la vie*, que les parents doivent s'efforcer d'acquérir, ils doivent en faire *un art d'être heureux* à l'usage de leurs enfants.

Un défaut est à éviter, c'est d'imposer aux enfants une fausse expérience, celle qui n'est souvent, chez les personnes âgées et qui ont beaucoup pâti, qu'une sorte de pessimisme inconscient et parfois même une habitude prise de succomber d'avance devant les grandes luttes de la vie. Sans laisser les enfants s'égarer dans les faux enthousiasmes ou les dangereuses folies de leur âge, il est bon de leur laisser l'honneur et le péril de faire eux-mêmes leur vie. On peut les suivre de loin, les diriger même, mais en leur laissant le plein sentiment de leur activité libre et de leur individualité. Il y a là un tempérament à garder, tempérament dont on trouve un curieux exemple dans le *Wilhem Meister* de Gœthe.

DEVOIRS DES ENFANTS ENVERS LEURS PARENTS

104. — Les devoirs des enfants envers leurs parents peuvent se diviser en devoirs avant la majorité et devoirs après la majorité; avant la majorité, les devoirs des enfants envers leurs parents sont l'obéissance et le respect. Au caractère moral de ces devoirs se joint une sanction légale. Après la majorité, les enfants sont déchargés du devoir d'obéissance légale et tenus seulement, en cas de mariage, aux *sommations respectueuses*. Ils doivent, en outre, des aliments à leur père, à leur mère et aux autres ascendants qui sont dans le besoin; mais à aucun moment de la vie ne cessent les devoirs d'affectueuse condescendance et de vénération que nul code n'a pour mission d'édicter. Les enfants rendent naturellement à leurs parents, en respect et en attentions, ce qu'ils ont reçu d'eux, en soins dévoués, dans leur enfance. Quoique l'amour, dans la famille, descende plutôt qu'il ne remonte, il n'est pas impossible de prévoir que, dans l'avenir, par suite de liens d'amitié sérieuse et d'une vie véritablement commune, les enfants acquerront autant de propension à faire leur bonheur du bonheur de leurs parents que les parents en ont généralement à rendre leurs enfants heureux. Ainsi s'organisera de nouveau, en dehors des lois de fer qui soumettaient au père l'ancienne famille et à côté des prescriptions toujours imparfaites du code, le groupe familial, que l'individualisme croissant des sociétés modernes ne saurait dissoudre.

DEVOIRS DES ENFANTS ENTRE EUX

105. — « Un frère est un ami donné par la nature. » L'antique légende des *frères ennemis* et les nombreux exemples des divisions des frères entre eux n'enlèvent rien à la justesse morale de cette maxime. Si les frères et les sœurs ne sont pas aussi naturellement amis qu'une observation optimiste et superficielle le ferait croire, s'il y a dans cette étroite liai son même des motifs perpétuels, de conflits, de heurts et parfois de haines, c'est une raison de plus pour poser ferme ment comme un devoir rigoureux, le plus souvent doux, parfois pénible, *l'union fraternelle.*

Il est naturel que le frère aîné, tant que cette supériorité d'âge entraîne forcément à sa suite une supériorité dans l'intelligence, dans la force physique, dans les ressources matérielles, soit le protecteur du plus jeune. Le frère de même a naturellement envers sa sœur un rôle de protection d'une délicatesse et d'un charme infinis. Le frère aîné par rapport aux plus jeunes, le frère par rapport à sa sœur, remplace un peu les parents. C'est dans les cas que nous venons de citer que les devoirs des enfants entre eux sont le plus doux à remplir.

Lorsque l'âge croissant des frères, le mariage des sœurs a transformé en quelque sorte les relations des enfants entre eux et les a mis tous sur un pied d'égalité, la distinction des aînés et des plus jeunes, des frères et des sœurs, perd de son importance. C'est alors au plus fort, au plus intelligent, au plus moral, au plus heureux, à soutenir, aider, réconforter les autres. Dans le cas particulier où l'un d'entre eux meurt en laissant, soit une femme, soit des enfants, les survivants doivent aide à la femme, protection aux enfants. C'est surtout dans cette dernière circonstance que se marquent le mieux la force et l'indestructibilité du sentiment de la famille.

LE SENTIMENT DE LA FAMILLE

106. — Sans parler de la *voix du sang*, trop facile à tourner en ridicule, il y a dans les liens matériels une fois constatés qui unissent plusieurs membres d'une même famille une telle force, une telle évidence, qu'on peut essayer de les rompre, mais qu'on ne peut les méconnaître. C'est sur cette base physique que repose, comme sur une solide assise, le sentiment de la famille. Ni la déchéance, ni l'indignité morale d'un membre de la famille ne peuvent supprimer un fait que la morale fait passer à l'état de loi. Vous êtes liés, voilà le fait. Tâchez que cette liaison prenne un caractère aussi digne que possible, voilà la loi. Le code rompt, dans certains cas, ces liens ; mais c'est là une *fiction juridique*, d'ailleurs indispensable.

DEVOIRS PROFESSIONNELS

107. — Dès que nous arrivons à l'âge d'homme, nous devons travailler, non seulement pour vivre et pour aider à vivre les membres de notre famille incapables de se suffire à eux-mêmes, mais pour dépenser dignement notre activité. La loi du travail est une nécessité pour le pauvre ; c'est un devoir pour le riche. Il est bien inutile de prêcher le travail à l'homme qui ne peut se dispenser de travailler et même souvent de travailler au delà de ses forces ; mais on peut lui montrer la dignité du travail et lui faire aimer son métier. Il est indispensable de persuader à ceux qui pourraient, à la rigueur, se dispenser de tout travail qu'en se réduisant à la profession de fainéant, ils manquent à un de leurs premiers devoirs, et qu'ils passent, du même coup, à côté du véritable bonheur. Il n'est pas d'homme qui ne tienne quelque place dans le monde et qui n'ait, par conséquent, une profession ; chacune de ces professions, même celle d'oisif, a ses devoirs particuliers. Le devoir professionnel de l'oisif est de s'intéresser à la science, à la littérature, à l'art. Il s'acquitte de ses fonctions, s'il est amateur intelligent et passionné.

PROFESSIONS LIBÉRALES

108. — Dans l'antiquité, certaines professions, où les facultés intellectuelles ont plus de part que les facultés physiques, étaient interdites aux esclaves. De là la distinction entre les *professions libérales* et les professions serviles, distinction qui se réfère à un ordre de choses et à des institutions disparues. On appelle aujourd'hui professions libérales celles qui ne sont accessibles qu'aux personnes jouissant d'une certaine fortune : telles sont les professions de médecin, d'avocat, de magistrat, pour ne citer que les principales.

Les devoirs professionnels ne sont qu'une application des devoirs généraux de l'homme ; néanmoins, comme certaines

professions libérales, celles de médecin, d'avocat, par exemple,
mettent ceux qui les exercent dans des positions particulièrement délicates, il y a pour eux une *casuistique professionnelle*
qui s'ajoute à la casuistique générale. Les *cas de conscience*
sont, dans ces professions, plus intéressants et plus difficiles
à résoudre que dans la vie civile ordinaire. Jusqu'à quel point,
par exemple, le médecin est-il tenu au devoir de dire la
vérité? Jusqu'où l'avocat peut-il étendre son identification
avec son client? Est-il obligé à ne défendre que des causes
qu'il reconnaît pour justes? Il y a là matière à discussions.
Les *conseils de l'ordre*, pour les avocats, et des institutions
analogues, pour les autres professions libérales, sont des
espèces de *tribunaux d'honneur* auxquels sont déférés les
manquements graves aux devoirs professionnels.

FONCTIONNAIRES

109. — Les *fonctionnaires*, c'est-à-dire tous les travailleurs
qui sont salariés par l'État, soit pour des travaux matériels,
soit pour des services de l'ordre le plus élevé, comme·par
exemple rendre la justice, distribuer l'instruction, veiller à la
répartition et à la perception des impôts, etc., les fonctionnaires forment une classe à part, qui se distingue nettement
et des professions libérales et des industriels, des commerçants, des ouvriers. Leur caractéristique est, avons-nous dit,
d'être salariés par l'État. De ce fait découlent tous leurs devoirs. Ceux qui exercent des professions libérales n'ont à rendre
compte de leurs actions que devant les tribunaux ordinaires
ou devant le conseil de leur ordre. Les industriels, les commerçants, les ouvriers ont de même leur juridiction spéciale.
Les fonctionnaires, payés par l'État, dépendent directement
de l'État; ils ont des devoirs envers l'État, représenté par
l'administration. Tout fonctionnaire fait partie d'une administration et a, par conséquent, des supérieurs et des inférieurs hiérarchiques. On peut donc considérer les devoirs des
fonctionnaires sous deux faces : devoirs envers les supérieurs,
devoirs envers les inférieurs; on ajoutera, si l'on veut, devoirs
envers les égaux, quoique ces derniers devoirs se confondent
la plupart du temps avec les devoirs ordinaires de la vie civile.
Le respect et la déférence envers les supérieurs, la justice
et l'aménité avec les inférieurs, la politesse avec les égaux,

tels sont, en termes généraux, les devoirs des fonctionnaires ; mais ils ont un devoir plus haut en quelque sorte et qui s'étend à tous les fonctionnaires sans distinction : celui de ne jamais oublier qu'ils sont payés par l'État, c'est-à-dire par la nation tout entière, pour rendre des services à la nation, et non pas seulement à eux-mêmes ou à leurs proches ; de se pénétrer de cette pensée qu'ils sont les gardiens attitrés des intérêts de tous et qu'ils tiennent de leur chef suprême, le ministre, délégué lui-même de la nation, des pouvoirs qu'ils ne doivent jamais exercer que dans l'intérêt général du plus grand nombre.

Les fonctionnaires de tout ordre sont soumis à des règles et à des juridictions spéciales qui font l'objet du *droit administratif*. La cour des comptes, le conseil d'État, le conseil supérieur de l'instruction publique sont parmi les plus élevées de ces juridictions. (Voir *Instruction civique.*)

INDUSTRIELS, COMMERÇANTS, SALARIÉS ET PATRONS

110. — Les *industriels* et les *commerçants*, ceux qui créent la richesse et qui la font circuler, ont, la plupart du temps, pour collaborateurs des *ouvriers* ou *salariés ;* ils prennent alors le nom de *patrons.* Les rapports des patrons et des ouvriers sont une des questions les plus délicates de la morale sociale. Dans le cas où les capitaux nécessaires aux grandes exploitations industrielles ou aux grandes entreprises commerciales pourraient être fournis par des associations de travailleurs, la question se transformerait. Les préceptes de la morale sociale doivent suivre pas a pas, sinon devancer les changements qui peuvent se faire dans l'ordre économique. (Voir *Notions d'économie politique.*)

DEVOIRS CIVIQUES

111 — Pendant longtemps l'éducation, en France, a surtout été *civile ;* elle doit tendre à devenir *civique :* les devoirs de la vie civile ne doivent pas faire oublier les devoirs envers la patrie. Nous ne ferons qu'effleurer ici ce sujet, traité dans l'*Instruction civique* avec tous les détails qu'il comporte.

LA PATRIE

112. — Ce qui constitue la *patrie*, c'est la communauté de race, la communauté de langue, le fait de vivre sous les mêmes lois, mais c'est surtout la communauté des joies et des souffrances : mêmes gloires dans le passé, mêmes espérances dans l'avenir, mêmes efforts dans le présent.

L'ÉTAT ET LES CITOYENS

113. — L'*État*, c'est la patrie organisée. On oppose souvent l'État et les *citoyens* privés; l'État n'est pourtant, au sens large du mot, que la nation tout entière représentée par ses députés et par ses délégués à tous les degrés. On oppose plus justement les gouvernants aux gouvernés. Le gouvernement, c'est l'ensemble des ministres et des agents ou fonctionnaires qu'ils ont sous leurs ordres; la représentation nationale est mise à part. Les gouvernés, ce sont tous les citoyens sans distinction; car celui qui est gouvernant par un côté est toujours gouverné par un autre. Il y a donc là une distinction de point de vue plutôt qu'une distinction de personnes.

FONDEMENT DE L'AUTORITÉ PUBLIQUE

114. — Le dernier *fondement de l'autorité publique* est la volonté nationale. « Le principe de toute souveraineté, dit la constitution de 1791, réside essentiellement dans la nation; nul corps, nul individu ne peut exercer d'autorité qui n'en émane expressément.

LA CONSTITUTION ET LES LOIS

115. — « La *loi* est l'expression de la volonté générale. Tous les citoyens ont le droit de concourir personnellement ou par leurs représentants à sa formation » (constitution de 1791). Quand les lois règlent les rapports des citoyens entre eux, on les appelle *lois civiles;* quand elles déterminent la nature du gouvernement et les relations des pouvoirs exécutif, législatif, judiciaire, on les appelle *lois politiques* ou *constitution.*

LE DROIT DE PUNIR

116. — Toute société, par cela même qu'elle existe, a le droit de sauvegarder son existence; le *droit de punir* a donc son fondement dans la préservation sociale. Le code détermine les actes qui sont réputés nuire à la société; il fixe en même temps les peines attachées à la violation de la loi. Il ne peut y avoir de discussion que sur les limites du droit de punir, non sur le droit même. Quels sont les actes qui doivent tomber sous le coup de la loi positive, quels sont ceux qui peuvent rester hors de son action? On s'accorde à dire que notre droit n'a d'autre borne que le droit d'autrui. Le droit de punir commence pour la société avec la première transgression du droit positif. C'est ici la loi qui crée le délit; d'où le principe de non-rétroactivité des lois.

DEVOIRS DES SIMPLES CITOYENS

117. L'obéissance aux lois. — Le premier devoir des citoyens est l'*obéissance aux lois*. Ces lois, nous avons indirectement ou directement contribué à les former; nous leur devons le respect, indépendamment de toute crainte de la pénalité. Il est clair que, si chaque citoyen cherchait à esquiver la loi, nulle loi ne se suffirait à elle-même; ce serait le cas de s'écrier, comme dans la comédie : « Qui trompe-t-on ici? » Dans une république idéale, où la loi serait bien l'expression de la volonté générale, la désobéissance à la loi serait, non seulement un crime, mais une absurdité, un véritable acte de folie.

118. L'impôt. — Chaque citoyen prélève sur sa fortune particulière une portion destinée à subvenir aux besoins généraux de l'association dont il est un membre. Il jouit, pour sa part, ou du moins il peut jouir de toutes les commodités que l'argent de cet *impôt* contribue à créer ou à entretenir. On verra, dans l'*Instruction civique,* les diverses formes de l'impôt, ses conditions d'établissement et de recouvrement. Disons seulement ici que le caractère essentiel de l'impôt se conserve à travers tout cet engrenage par lequel il passe. C'est essentiellement une part de notre richesse que nous aliénons pour jouir plus sûrement du reste.

119. Le service militaire; le vote; l'obligation scolaire. —
Nous retrouverons toutes ces questions dans l'*Instruction civique*. Ce sera le moment de les examiner en détail. Disons seulement ici que le *service militaire* est une des formes à la fois
les plus onéreuses et les plus honorables de l'impôt. L'*impôt
du sang,* comme on l'a appelé, est particulièrement sacré;
car ce qu'on prend aux autres en s'y dérobant, ce n'est plus de
l'argent, c'est leur vie même en certains cas. Le service militaire devrait être obligatoire pour tous; on réduit de jour
en jour les cas d'exemption; il faudrait les limiter à l'infirmité
constatée, à l'incapacité physique. L'intérêt des professions,
libérales et de certaines fonctions publiques exige, il est vrai,
une réduction de la durée du service, sous la condition d'exa-
mens professionnels pour la remise à une autre année, d'exa-
mens militaires pour le renvoi définitif; mais il ne légitime
pas une complète dispense.

Le *vote* n'est pas seulement un des droits les plus impor-
tants du citoyen, c'est un de ses principaux devoirs et non le
moins délicat à remplir. Le suffrage universel entraîne à sa
suite l'instruction universelle. L'*obligation scolaire* est entrée
récemment dans la loi. Si l'intérêt de la nation est d'avoir
une bonne armée, composée de tous les citoyens valides, son
intérêt est aussi d'avoir des citoyens instruits. L'armée n'est
faite que pour assurer le développement pacifique de la
nation et le plein épanouissement de toutes ses forces :
agriculture, industrie, commerce, science et art. L'instruction,
une instruction vraiment nationale, doit y pourvoir. L'État,
représentant la nation, a le droit de forcer les parents à
donner à leurs enfants un minimum d'instruction. Suivant
les uns, l'État doit laisser aux parents pleine liberté; suivant
d'autres, l'État ne peut, surtout en matière d'instruction
civique, se désintéresser à ce point de l'éducation nationale.

DEVOIRS DES GOUVERNANTS

120. — Dans une république de suffrage universel, la
distinction des *gouvernants* et des gouvernés est naturellement moins tranchée que dans une royauté de droit divin
ou même dans une monarchie constitutionnelle. Ceux qui
détiennent la puissance publique sont, soit élus à temps,
soit nommés et révocables d'après certaines règles; il en

résulte que la morale à l'usage des gouvernants ne se distingue plus aussi nettement de la morale à l'usage des gouvernés. Gouvernants et gouvernés se mêlent, non pas en ce sens que les rapports abstraits de respect pour le gouvernant, de justice envers le gouverné, aient rien perdu de leur vérité, mais en ce sens que tel qui est gouverné aujourd'hui peut être gouvernant demain et réciproquement. En d'autres termes, l'autorité n'est plus attachée à telle famille, à tel ordre ou à telle caste. « Tous les citoyens, étant égaux aux yeux de la loi, sont également admissibles à toutes dignités, places et emplois publics, selon leur capacité, et sans autre distinction que celle de leurs vertus et de leurs talents » (constitution de 1791). Les gouvernants n'ont donc plus d'autres devoirs que ceux qui résultent de la loi même et de la nature des charges qu'ils remplissent. Quand les gouvernants ont des droits exceptionnels, sans limite fixe ni contrôle, ils ont par là même des devoirs exceptionnels. Quand leurs droits sont limités, soit par la constitution (pour le gouvernement proprement dit, soit par les règlements d'administration pour les fonctionnaires, le gouvernant, l'administrateur ont pour premier et pour unique devoir de respecter les bornes fixées à leurs pouvoirs par la loi constitutionnelle et par les règlements; ils doivent s'acquitter de leurs fonctions avec le plus de zèle et d'intelligence possible; mais cette règle n'est pas particulière aux gouvernants, elle s'étend à tous les emplois, depuis le plus humble jusqu'au plus élevé.

DEVOIRS DES NATIONS ENTRE ELLES

121. — Le philosophe Kant a dit que, quand bien même aucun acte de vertu n'aurait jamais été et ne devrait jamais être accompli, la notion de vertu n'en subsisterait pas moins. Quand bien même il serait vrai, comme cela est, que la force a toujours réglé les rapports des nations entre elles, les *devoirs des nations entre elles* n'en seraient pas moins de vrais devoirs.

A s'en tenir à la spéculation pure, et la morale a ce droit, le premier devoir des nations entre elles est de s'abstenir de la guerre. La guerre, jugée par la morale, est un crime de lèse-humanité; mais il faudrait oublier l'histoire pour ne pas avouer que la guerre est précisément une des lois du développement de l'humanité. Pour nous en tenir à l'Europe et ne pas parler des guerres_d'extermination des peuples civilisés contre les peuples sauvages ou de civilisation très inférieure, il est clair que les diverses nationalités ne peuvent se constituer que par la guerre. Le projet d'une confédération européenne qui réglerait par l'arbitrage les conflits des nations suppose que les nations sont organisées, ont leurs limites bien déterminées, présentent une fusion complète des diverses races qui les composent, forment, chacune prise à part, une véritable unité. La guerre est pour longtemps la loi de l'Europe et pour plus longtemps encore la loi du globe.

Que reste-t-il donc, sinon d'établir, par une entente commune, certaines lois de la guerre que la force viendra du reste renverser à tous coups? C'est la principale matière du droit des gens.

LE DROIT DES GENS

122. — Le *droit des gens* règle, d'après des conventions internationales dont nous ne pouvons donner ici le détail historique : 1° la question de l'esclavage; 2° celle de la liberté religieuse; 3° les droits des nationaux en pays étranger, droits soutenus par les légations et les consulats; 4° la question de la liberté des mers et des fleuves; 5° la question qui domine toutes les autres : celle des lois de la guerre, tant continentale que maritime, à laquelle se rattache la question de *neutralité*. C'est surtout dans l'histoire contemporaine qu'on étudie avec fruit ces questions, difficiles à discuter au point de vue abstrait et inséparables des événements historiques qui y ont donné lieu. Remarquons seulement que de grands efforts ont été faits dans ce siècle pour enrichir et affermir le code du droit international. Malheureusement le code qui renferme les prescriptions n'a pas de code pénal qui lui corresponde. L'opinion publique est jusqu'ici la seule sanction du droit international. Néanmoins cette opinion publique est une force réelle. Elle s'affirme même parfois dans des congrès solennels. Un jour peut venir où ces arrêts sauront se faire respecter efficacement. Les projets de l'abbé de Saint-Pierre et les idées de Kant sur la paix perpétuelle ne seront pas toujours des utopies. C'est, en tous cas, un idéal dont les nations armées doivent, par tous les moyens, tenter de se rapprocher.

DEVOIRS RELIGIEUX ET DROITS CORRESPONDANTS

123. — Nous avons des devoirs envers Dieu. Il est possible de ne pas croire en Dieu ; mais il est impossible, y croyant, de ne pas lui rendre des devoirs : devoirs de soumission et d'adoration. Cette adoration revêt la forme d'un culte et ce culte ne reste jamais purement privé. L'homme religieux éprouve le besoin de *communier,* au sens propre du mot, c'est-à-dire de prier en commun ce Dieu qu'il adore. Il s'associe aux autres hommes qui partagent sa croyance; de là les Églises. Au devoir que j'ai de rendre, par des actes extérieurs, hommage au Dieu de ma foi correspond en moi-même le droit de professer mon culte. Les autres, qui peuvent n'avoir pas la même croyance que moi, ont de même le droit de professer leur culte. L'autorité civile intervient pour prévenir les conflits que ces droits, souvent rivaux, peuvent provoquer en se rencontrant.

La question de la corrélation des droits et des devoirs religieux présente une autre face. Il y a des esprits réfractaires à toute religion positive, qui ont pour religion ce qu'on appelle la *religion naturelle;* il y a des esprits réfractaires à toute religion, soit positive, soit naturelle : ce sont les athées. Les adeptes de la religion naturelle réduisent le culte à son minimum : une vague profession de foi; les athées repoussent tout culte. Au droit qu'ont les religions constituées de s'affirmer correspond év'demment chez les adeptes de la religion naturelle et chez les athées le droit d'affirmer leurs croyances ou leurs négations. Jusqu'où s'étend ce droit? Tous les gouvernements se sont accordés à proscrire la prédication de l'athéisme; il y a eu des époques et des pays où la religion naturelle même n'avait pas le droit de s'afficher. Tout ce qu'on peut répondre à cette question délicate, c'est que les esprits vraiment religieux ont une tendance marquée à se rattacher à une Église constituée ou à tenter d'en fonder une nouvelle. Quant aux athées, il est douteux qu'ils fondent une

Église. C'est dans le sens de la plus large tolérance que ces questions doivent être résolues.

LIBERTÉ DES CULTES

124. — Par *liberté des cultes* il faut, d'après ce qui précède, entendre la liberté non seulement des cultes constitués, mais de tous les cultes qui pourraient tenter de se fonder. Il n'est nullement prouvé que la fécondité religieuse de l'humanité soit épuisée. Des religions anciennes peuvent être renouvelées, non seulement dans leur dogme, mais dans le détail des cérémonies ; de nouvelles religions peuvent naître avec des cérémonies nouvelles. La loi doit permettre toutes les manifestations du sentiment religieux.

ROLE DU SENTIMENT RELIGIEUX EN MORALE

125. — Le *sentiment religieux*, si vivace dans l'homme qu'il revêt les apparences d'un instinct indéfectible, est intimement lié au sentiment moral, qu'il modifie profondément.

Tous les hommes s'accordent sur le fond de la morale ; mais, si l'on entre dans le détail de la vie, quelle différence entre un sectateur du Bouddha, un chrétien, un disciple de Confucius ! Et dans le sein du christianisme même n'y a-t-il pas des nuances bien tranchées entre la moralité catholique et la moralité protestante ? De même l'adepte de la religion naturelle et le sectateur de la morale indépendante, tout en s'accordant sur les grandes lignes de la morale, ne sont pas montés au même *ton moral*.

On ne peut pas dire que, plus le sentiment religieux est vif, plus le sentiment moral est développé : le contraire a lieu parfois ; mais on peut dire que le sentiment religieux donne une grande force d'expansion au sentiment moral, quel qu'il soit. Si ce sentiment moral correspond à des notions étroites, le sentiment religieux, s'y joignant, pourra produire le *fanatisme ;* l'union d'un sentiment religieux intense et d'une haute et large conception de la moralité donnera naissance aux héros et aux saints. Le rôle du sentiment religieux en morale est donc considérable ; la morale qui n'est pas pénétrée de ce sentiment risque de dégénérer en un formalisme abstrait, sans efficacité, ou en pratiques sans valeur. La religion et la morale ont été intimement liées de tout temps.

APPLICATION DES PRINCIPES
DE LA PSYCHOLOGIE ET DE LA MORALE
A L'ÉDUCATION

126. — « Les enfants, avons-nous dit (n° 2), représentent assez bien l'état émotionnel et intellectuel des sociétés qui commencent à prendre conscience du devoir. » Avant d'aborder les applications de la psychologie et de la morale à l'éducation, il y aurait donc lieu de faire une psychologie spéciale de l'enfant et de l'éclairer par une psychologie de l'homme primitif, tant au point de vue émotionnel qu'au point de vue intellectuel et moral. Ces deux psychologies se contrôleraient, se compléteraient l'une l'autre. Nous ne pouvons en indiquer ici que les grandes lignes.

127. — L'enfant, au point de vue émotionnel, est *impulsif*, c'est-à-dire qu'il obéit aux impulsions du moment; ses actes de volonté sont de ceux qui s'éloignent le moins de l'acte réflexe; de là sa conduite souvent explosive et cahotique en apparence, quoiqu'elle obéisse à des lois, mais à des lois physiologiques et psychologiques, non à des règles de logique, à des règles de conduite, ni à plus forte raison à une loi proprement morale. C'est seulement dans l'adolescence que se développent en lui le vrai sentiment de la sympathie et le sentiment social par excellence, qui suppose une intelligence nette des effets à longue portée que notre conduite peut entraîner pour les autres : le sentiment de la justice. Ce sentiment, une fois né, est d'ailleurs très vif chez le jeune homme; car il n'est pas contre-balancé par ce qu'on appelle un peu abusivement l'expérience de la vie. Les habitudes que peut prendre l'enfant sont du genre de celles qui ont pour point de départ des actes instinctifs ou bien accomplis sous l'impulsion d'une force et souvent d'une contrainte extérieure. Ce sont les *habitudes volontaires*, ainsi appelées par opposition aux *habitudes de la volonté*, qui supposent un acte de résolution expresse et une vue suffisamment nette des conséquences de notre acte. Ce n'est qu'aux approches de l'adolescence, vers ce qu'on appelle l'*âge de raison*, que l'enfant devient capable de véritable moralité.

128. — Au point de vue intellectuel, l'enfant est caractérisé 1° par une grande activité des sensations et des perceptions, sous leur forme la plus rudimentaire, où des inductions réfléchies ne sont pas mêlées, comme il arrive chez l'homme fait; 2° par une remarquable mémoire imaginative, celle qui s'attache aux sensations et à la partie en quelque sorte matérielle des signes plutôt qu'à leur contenu abstrait; l'enfant n'est capable que des degrés les moins élevés de l'abstraction; quand on parle de son *imagination*, il ne peut être question de l'imagination constructive qui crée la science et l'art, mais seulement de la mémoire des images, ce qui est bien différent. Il faut se garder d'une confusion analogue à propos de la *curiosité* de l'enfant : l'enfant est curieux, c'est-à-dire qu'il a une grande mobilité d'impressions et qu'il se lasse vite de regarder la même chose; mais il n'acquiert que tard cette curiosité scientifique ou artistique qui suppose, au contraire, une grande fixité d'attention et une faculté déjà développée de combinaison.

« L'enfant, comme le sauvage, a dans sa langue quelques mots de l'abstraction la moins relevée et n'en a aucune de la plus relevée. De bonne heure il sait fort bien ce qu'est le chat, le chien, le cheval, la vache; mais il n'a aucune idée de l'animal indépendamment de l'espèce; il se passe des années avant que les mots en *ion* et en *té* entrent dans son vocabulaire. Avec un esprit qui n'est pas approvisionné d'idées générales et qui manque de la conception de l'ordre naturel, l'enfant civilisé, tant qu'il est encore tout jeune, et le sauvage durant toute sa vie ne montrent pas beaucoup de surprise ni de curiosité rationnelles. Une chose qui réveille les sens, l'éclair soudain d'une explosion lui fait ouvrir de grands yeux hagards ou peut-être lui arrache un cri; mais montrez-lui une expérience de chimie ou attirez son attention sur un gyroscope, et l'intérêt qu'il y prendra ne sera pas plus grand que celui qu'il pourrait montrer en apercevant un joujou. Quelque temps plus tard, sans doute, quand les facultés intellectuelles supérieures qu'il a héritées de ses ancêtres civilisés commencent à agir et quand le degré de développement mental auquel il est parvenu représente celui des races à demi civilisées, la surprise rationnelle et la curiosité rationnelle des causes se montre en lui pour la première fois; mais même alors l'extrême crédulité de l'enfant civilisé, comme celle du sauvage, nous fait voir ce que peuvent produire des idées grossières de cause et de loi. Il croit tout ce qu'on lui raconte, quelque absurde que ce soit; toute explication, si inepte qu'elle soit, il l'accepte comme satisfaisante. Faute de connaissances généralisées, rien ne lui paraît impossible; la critique et le scepticisme lui font défaut » (HERBERT SPENCER.)

129. — Chacune des observations que nous ayons recueillies en psychologie et des lois que nous avons constatées en morale a d'ailleurs son application en pédagogie. L'art de l'éducation n'est que la mise en pratique des indications de la psychologie et des préceptes de la morale. Une bonne théorie de l'éducation est même la meilleure pierre de touche d'une psychologie exacte et d'une bonne morale. Savoir, c'est pouvoir, disait Bacon. Si cette maxime est trop ambitieuse dans le cas de l'éducation, si l'on éprouve de grandes difficultés à faire passer dans la pratique les résultats de l'expérience présente, en face des traditions et des institutions puissantes où s'est condensée et cristallisée en quelque sorte l'expérience passée, on peut dire du moins qu'étudier les lois de l'esprit humain et les règles de nos actions est une utile préparation au métier d'éducateur et de professeur.

TABLE DES MATIÈRES

NOTIONS ÉLÉMENTAIRES DE PSYCHOLOGIE

IDÉE GÉNÉRALE
DE LA PSYCHOLOGIE APPLIQUÉE A LA MORALE ET A LA PÉDAGOGIE;
DESCRIPTION EXPÉRIMENTALE DES FACULTÉS HUMAINES

Introduction.. 1
Psychologie appliquée à la morale............................... 1
Psychologie appliquée à la pédagogie............................ 2
L'activité physique.. 2
Les mouvements.. 3
    Les mouvements initiaux.. 5
    Les instincts... 5
    Les habitudes corporelles...................................... 6
    Rapports des mouvements initiaux, des instincts et des habitudes
        corporelles.. 6
La sensibilité physique... 8
Le plaisir et la douleur.. 8
Les sens : sensations internes et sensations externes......... 10
    Ordre à suivre dans l'étude des sensations.................. 11
    Sens du goût et de l'odorat.................................... 11
    Sensations complexes de l'ouïe............................... 12
    Sensations complexes de la vue............................... 12
    Sensations complexes du tact................................. 13
    Perception... 14
Les besoins et les appétits.. 14
L'intelligence... 15
La conscience et la perception extérieure........................ 15

La mémoire et l'imagination.. 16
L'abstraction et la généralisation; rôle du langage................. 17
Le jugement et le raisonnement... 18
Les principes régulateurs de la raison................................ 19
    Principe de l'induction 19
    Premier principe de la déduction................................. 20
La sensibilité morale.. 20
Sentiments de famille; sentiments sociaux et patriotiques; sentiments
    du vrai, du beau et du bien; sentiments religieux................ 20
La volonté 22
La liberté... 22
    Première preuve.. 22
    Deuxième preuve.. 23
L'habitude 23
Conclusions de la psychologie.. 24
Dualité de la nature humaine; l'esprit et le corps; la vie animale et
    la vie intellectuelle et morale.................................. 24

MORALE THÉORIQUE — PRINCIPES

Introduction... 27
Objet de la morale... 27
La conscience morale 27
Discernement instinctif du bien et du mal; comment il se développe
    par l'éducation 27
La liberté et la responsabilité.. 29
La liberté... 29
Conditions de la responsabilité.. 31
Degrés et limites de la responsabilité................................. 32
L'obligation ou le devoir.. 33
Caractères de la loi morale.. 34
Insuffisance de l'intérêt personnel comme base de la morale............ 34
Insuffisance de l'intérêt général comme base de la morale.............. 35
Insuffisance du sentiment comme principe unique de la morale........... 36
Le bien et le devoir pur... 37
Dignité de la personne humaine... 37
Le bien.. 38
Le devoir pur.. 39
Le droit et le devoir.. 41
Rapports entre le droit et le devoir................................... 41
Différents devoirs : devoirs de justice et devoirs de charité.......... 42

La vertu.. 44
Les sanctions de la morale................................ 45
Rapports de la vertu et du bonheur........................ 45
Sanction individuelle..................................... 45
    Sanctions physiques................................... 45
    Satisfaction morale et remords........................ 45
Sanctions sociales.. 46
Sanctions supérieures : la vie future et Dieu............. 47

MORALE PRATIQUE — APPLICATIONS

Division des devoirs...................................... 49
Devoirs individuels....................................... 49
Leur fondement.. 49
Principales formes du respect de soi-même : les vertus individuelles. 50
    Tempérance.. 50
    Prudence.. 51
    Courage... 52
    Respect de la vérité.................................. 52
    Respect de la parole donnée........................... 53
    Dignité personnelle................................... 53
Devoirs généraux de la vie sociale........................ 54
Rapports des personnes entre elles........................ 54
Devoirs de justice.. 56
Respect de la personne dans sa vie........................ 56
Condamnation de l'homicide................................ 56
Examen des exceptions réelles ou pretendues............... 56
    La peine de mort...................................... 56
    Le cas de légitime défense............................ 58
    Le suicide.. 59
Respect de la personne dans sa liberté.................... 60
    L'esclavage... 60
    Le servage.. 61
    Liberté des enfants mineurs........................... 62
    Liberté des salariés.................................. 62
Respect de la personne dans son honneur et sa réputation.. 64
    La médisance.. 64
    La calomnie... 64
Respect de la personne dans ses opinions et ses croyances; l'intolé-
rance... 65

Respect de la personne dans ses moindres intérêts, dans tous ses sentiments.. 66

     Menues injustices de toutes sortes............................ 67

     L'envie.. 68

     La délation.. 69

Respect de la personne dans ses biens............................ 69

     Le droit de propriété..................................... 69

     Caractère sacré des promesses et des contrats............... 72

Devoirs de charité.. 74

Obligation de défendre les personnes menacées dans leur vie, leur liberté, leur honneur, leurs biens............................ 74

La bienfaisance proprement dite................................. 76

Le dévouement et le sacrifice................................... 77

Devoirs de bonté envers les animaux............................. 78

Devoirs de famille... 80

Devoirs des parents entre eux................................... 80

Devoirs des parents envers leurs enfants........................ 81

Devoirs des enfants envers leurs parents........................ 82

Devoirs des enfants entre eux................................... 82

Le sentiment de la famille...................................... 83

Devoirs professionnels..................................... 84

Professions libérales... 84

Fonctionnaires... 85

Industriels, commerçants, salariés et patrons................... 86

Devoirs civiques.. 86

La patrie.. 87

L'État et les citoyens.. 87

Fondement de l'autorité publique................................ 87

La constitution et les lois..................................... 87

Le droit de punir.. 88

Devoirs des simples citoyens.................................... 88

     L'obéissance aux lois..................................... 88

     L'impôt.. 88

     Le service militaire; le vote; l'obligation scolaire...... 89

Devoirs des gouvernants... 89

Devoirs des nations entre elles............................ 90

Le droit des gens.. 91

Devoirs religieux et droits correspondants................. 92

Liberté des cultes... 93

Rôle du sentiment religieux en morale........................... 93

Application des principes de la psychologie et de la morale à l'éducation... 94

FIN

EXTRAIT DU CATALOGUE

DE LA

LIBRAIRIE CH. FOURAUT ET FILS

A. FOURAUT, *SUCCESSEUR*

RUE SAINT-ANDRÉ-DES-ARTS, 47, A PARIS.

NOUVEAU

DICTIONNAIRE FRANÇAIS,

CONTENANT

*1° tous les mots de la langue orthographiés
d'après la 7e et dernière édition (1878) du Dictionnaire
de l'Académie française, définis et expliqués*

A l'aide de 2300 figures;

*2° la prononciation figurée de tous les mots qui offrent
quelque difficulté ;*

3° l'indication de tous les grands faits historiques ;

*4° celle des personnages célèbres
de tous les pays et de tous les temps ;*

5° la géographie ancienne et moderne ; 6° la mythologie gréco-latine;

PAR

L. POURRET

· Un volume in-18 jésus de 900 pages, cart.... 3 fr. »

—   —   relié en demi-chagrin. 4 fr. 50

EXTRAITS
DES
CLASSIQUES FRANÇAIS
ACCOMPAGNÉS DE NOTES ET NOTICES
Par GUSTAVE MERLET
Professeur de rhétorique au lycée Louis-le-Grand.
A L'USAGE DE TOUS LES ÉTABLISSEMENTS D'INSTRUCTION

Cette publication comprend les volumes suivants :

ORIGINES DE LA LITTÉRATURE FRANÇAISE DU IXe AU XVIIe SIÈCLE

AVEC INTRODUCTIONS, NOTES ET NOTICES PHILOLOGIQUES
Ouvrage couronné par l'Académie française

Première partie : PROSE. 2e édition. Un fort volume in-12, cartonné ou broché. .... 4 fr. »

Deuxième partie : POÉSIE. 2e édition. Un fort volume in-12, cartonné ou broché. .... 5 fr. »

LES GRANDS ÉCRIVAINS DU XVIe SIÈCLE
AVEC INTRODUCTIONS, NOTICES ET NOTES LITTÉRAIRES
ET PHILOLOGIQUES
3e édition

Un fort volume in-12, cartonné. .... 3 fr. 75

Ce volume, *pour les textes*, est extrait des deux volumes ci-dessus.

DIX-SEPTIÈME, DIX-HUITIÈME ET DIX-NEUVIÈME SIÈCLE
COURS SUPÉRIEURS

Première partie : PROSE (8e édition, revue et modifiée). Un fort vol. in-12, cartonné ou broché. .... 3 fr. 75

Deuxième partie : POÉSIE (6e édition, revue et corrigée). Un fort vol. in-12, cartonné ou broché. .... 3 fr. 75

COURS MOYENS (COURS DE GRAMMAIRE ET ENSEIGNEMENT SPÉCIAL)

Première partie : PROSE (5e édition, revue et corrigée). Un fort vol. in-12, cartonné. .... 3 fr.

Deuxième partie : POÉSIE (5e édition, revue et corrigée). Un fort vol. in-12, cartonné. .... 3 fr.

COURS ÉLÉMENTAIRES

PROSE ET POÉSIE (8e édition, revue et corrigée). Un fort vol. in-12, cartonné. .... 2 fr. 75

COURS SUPÉRIEURS ET MOYENS

PROSE ET POÉSIE (6e édition). Un fort vol. de 620 pages in-12, cartonné. .... 3 fr. 75

Ce volume renferme un choix de morceaux tirés des deux cours (supérieurs et moyens) annoncés ci-dessus.

FORMULAIRE MATHÉMATIQUE

ou

RECUEIL DE FORMULES

Donnant la solution de toutes les questions usuelles sur les nombres, les surfaces et les volumes

SUIVI DE DEUX APPENDICES

1° FORMULES DE PHYSIQUE ET DE MÉCANIQUE;
2° CALCULS PAR LES LOGARITHMES

A l'usage de tous les établissements d'instruction et de toutes les personnes qui connaissent les 4 règles de l'arithmétique

Par L. POURRET

1 vol. in-12, cart.......................... 1 fr. —

Le recueil de formules que nous offrons aujourd'hui au public vient à propos pour combler une lacune bien connue de tous ceux qui s'occupent d'enseignement, et pour répondre à un besoin éprouvé par tout le monde ou peu s'en faut. Il s'agissait de mettre à la portée de tous un admirable instrument réservé jusqu'ici aux seuls mathématiciens de profession : les formules, ce trésor de solutions empiriques, laborieusement accumulées par les calculateurs de tous les siècles, et qui sont applicables à tous les problèmes sur les nombres, les surfaces, les volumes, le travail des forces physiques. Nous croyons fermement que le livre de M. Pourret s'imposera aux élèves des écoles primaires et secondaires, où l'enseignement des mathématiques est nécessairement très incomplet; aux adultes qui, ayant journellement des problèmes à résoudre, sont mal servis dans cette besogne par ce qui leur reste de l'enseignement de l'école ou du collège; à tout le monde, à vrai dire; car l'obligation de raisonner les problèmes, avec des fatigues d'esprit et des pertes de temps qui ne s'accordent guère avec les exigences de notre vie si occupée, est bonne à éviter pour ceux mêmes qui pourraient espérer un bon résultat de leurs efforts.

Pour étendre la portée de son travail, M. Pourret l'a fait suivre de deux appendices, dont l'un est consacré aux principales formules de physique et de mécanique, et l'autre enseigne brièvement et simplement l'usage des tables de logarithmes, en élaguant de parti pris toute discussion théorique et, par conséquent, en supprimant toute difficulté. Cette partie du travail de l'auteur, qui met à la portée de tout le monde les commodités du calcul par les logarithmes, sera très certainement appréciée des professeurs et du public.

L'ALPHABET DU DESSIN

PRINCIPES RATIONNELS DU DESSIN D'APRÈS NATURE

Ouvrage divisé en deux parties comprenant ensemble
32 cahiers du format in-4° (0ᵐ,30 sur 0ᵐ,23)

1re *partie*	2e *partie*
ÉTUDE DES SURFACES	ÉTUDE DU RELIEF
Le carré, ses transformations et son application, cahiers 1 à 5. —	Le cube, ses déformations et son application, cahiers 15 et 16.
Le cercle, ses transformations et son application, cahiers 6 à 8.	Le cylindre et ses composés, cahiers 17 à 24.
Le cercle, son application pratique, cahiers 9 à 14.	Le cube et le cylindre, application pratique, cahiers 25 à 32.

Chaque cahier, composé de 16 pages de papier fort, teinté,
— et renfermant 7 modèles avec les textes et la place
nécessaires à leur reproduction, peut être acquis séparément
aux prix suivants :

Non *franco*...................... 0 fr. 40
Franco par la poste................ 0 fr. 45

    Le but de cette méthode est 1° d'enseigner le dessin à l'enfant comme il apprend à lire et à écrire, par des principes très élémentaires et parfaitement gradués, en créant en quelque sorte pour lui un alphabet des formes des objets usuels qui le conduise pas à pas, simplement et clairement, à la lecture et à l'interprétation de la nature ; 2° de guider dans cet enseignement non seulement les personnes sachant le dessin, mais encore celles qui n'en ont aucune notion. Il s'agit ici, bien entendu, du dessin à main libre, n'empruntant, pour l'interprétation du modèle ou de la nature, que le crayon, la plume ou le pinceau, à l'exclusion du compas, de la règle et de l'équerre.

    Cette méthode est basée sur un principe unique, l'application du *carré* et du *rectangle*, divisés méthodiquement par les diagonales et la croix, comme *cadres* de tous les objets à représenter.

Guide de l'Alphabet du dessin

OU

L'ART D'APPRENDRE ET D'ENSEIGNER

LES PRINCIPES RATIONNELS DU DESSIN D'APRÈS NATURE

Ouvrage renfermant 168 figures et divisé en deux parties

1ʳᵉ partie : ÉTUDE DES SURFACES. — 2ᵉ partie : ÉTUDE DU RELIEF

Un volume in-8°, broché........... 6 fr.

www.ingramcontent.com/pod-product-compliance
Lightning Source LLC
Chambersburg PA
CBHW052046270326
41931CB00012B/2652